警視庁
公安部
外事課

Foreign Affairs Division
Public Safety Bureau
Metropolitan Police Department

Enkaku Katsumaru
勝丸円覚

はじめに

あなたは本書のタイトルである「警視庁公安部外事課」と聞いて、どんな印象を持つだろう。

「ドラマや映画の中で聞いたことがあるけど、具体的なイメージが湧かない」という人が多いのではないか。

少し年輩の方だったら、「左翼とか学生運動をやっているヤツを取り締まる警察だろう」と答えるかもしれない。

たしかに当たってなくもない。

私は一九九〇年代に警視庁に入庁し、外務省に出向した三年間を除くと、通算でおよそ二十年間、警察官として勤務してきた。

その大半、私が在籍したのは公安部である。首都東京の治安を担う警視庁には、公安部のほかに、刑事部、生活安全部、組織犯罪対策部、警備部、交通部などのセクションがある（左ページの図）。

テレビドラマや映画の犯罪ものでおなじみなのは、なんといっても刑事部だ。殺人事件を捜査し、犯人を逮捕する過程がヒロイックに描かれることも多いので、市民の目には自分たちを犯罪から守ってくれる頼もしい存在として映っていることだろう。しかし、一方の「公安」はというと、ドラマや映画に登場することも少なく。出てきたとしてもどこか暗い影のある存在だったり、刑事と対立するシーンもよくあるので、どこか得体のしれない不気味なイメージを持つ人が多いかもしれない。

そのイメージの源泉は、その出自にあることは論をまたない。公安という組織は、戦前の特別高等警察部、略して「特高」にたどりつく。共産主義者などの反体制思想の持ち主を取り締まったり、戦争中は戦争に反対する市民を次々に弾圧し、投獄に追いこんだ、あの悪名高き特高警察である。

しかし戦後になり、連合国軍最高司令官総司令部（ＧＨＱ）の命令によって、特高警察は廃止された。ただ、国家の治安と体制を守る精神は残され、警備課として再出発することになった。そして、さらなる再編で警備課は公安課に名を変え、国家の基盤を覆《くつがえ》そうとする思想的・政治的背景の集団犯罪を取り締まる組織として確立された。これが、戦後

■資質

では公安捜査員に必要な資質とは何か？

それは「社交性」である、と私は思っている。

意外に思った方も多いだろう。公安というと陰でコソコソ嗅《か》ぎ回っている印象をもたれがちで、社交性とは程遠いイメージだからだ。

しかし、実際は営業職などと同じく、社交性が重要な資質なのである。

情報は相手と信頼関係を築けないともらうことはできない。その相手も、職業、肩書、職種などさまざまだ。そうした相手との人間関係をスムーズに築く上で大事なのが社交性なのである。

笑顔を絶やさず、常に相手のことを思いやり、懐《ふところ》に入っていくようにする。ときには無理な頼みごとも聞いてやる。

そうしたことを積み重ねていくうちに、相手は意気に感じて、重要な情報をくれるようになるのだ。

実は私はいささか社交性に欠けるところがあったので、努力と工夫でそれを補おうとした。

まず、警察内の自分のセクションだけでなく、他のセクションの人とも積極的にコミュニケーションをはかり、人脈を広げることに努めた。

それは後に大使館の担当になってからも同じで、一日に一回は外交官の誰かと電話で連絡を取り合い、一週間に一回は外交官に直接会うようにしていた。人は頻繁に連絡をくれる者に心を許すものである。それは、諜報活動のみならず、すべての人間関係においていえることだろう。

■向上心

努力ということでは、公安の仕事についての勉強も怠らなかった。

公安捜査員になるには、研修期間を経て、所轄署や機動隊で内示を待つことになる。また、公安の仕事のほとんどは、本庁（警視庁）の本部（公安部）から各所轄署に指示が下るかたちで行われる。当時警察署で公安捜査員としてのキャリアをスタートさせた私は、指示の中身や捜査の過程で生じた疑問を、本部の担当者に積極的に質問した。

ときに「そんなわかりきったことをいちいち質問してくるな」などと注意されることもあったので、しっかり勉強して質問の内容を事前に吟味した。それが功を奏したのかどうかは何ともいえないが、私は公安のセクションの中でも自分の希望する仕事に就くことができた。

後に私も本部に移り、当時の自分と逆の立場になったからわかるのだが、食らいついて質問してくる者に対し、「煩《わずら》わしいな」と思う一方で、応援してやりたくなる気持ちも正直湧いてくるものである。当時の本部の担当者も、私に対してそういう心情を抱いたのかもしれない。

■待遇

公安には、警察学校のエリート集団（私がそう言ってるわけではない）や、特殊な才能に秀でた人材が集められているので、普通の警察官より高給をもらっているだろうと思われるかもしれないが、決してそんなことはない。あくまで国（または都道府県）から給料をいただいている公務員の身であるから、当然他の警察官と変わりはない。むしろ、日々の過酷な業務からすれば、割に合わないと感じる公安捜査員もいるかもしれない。

結局のところ、報酬よりも「使命感」にこそ価値を見出せる人間でないと務まらない仕事なのだと思う。

だから、休みの日であっても、決して気が休まることはない。携帯を手放すことなどあり得ない。寝る時もいつも枕元に置いていて、連絡があればすぐに出られるようにしていた。

束の間の自由があるとすれば、私の場合は、せいぜい家族と買い物に出かける時ぐらいだった。

それでも、私の「プライベート」はとても充実していた。家族仲もとても円満だった。これだけハードな職務を担っていて、なぜプライベートが円満でいられたか？　そこには、私なりの秘訣があった。

たとえば、私はゴルフはやらないと決めていた。ゴルフをすると、休みの日がそれで埋まってしまうからだ。休日は家族のために体を空けておく。基本的にすべて家族に捧げるようにしていた。

買い物に行く時などは、それこそ「妻の奴隷」になるぐらいの覚悟が必要だ。その甲斐もあってか、おかげさまで夫婦生活は二十年を超えた。家族も健康で、いたって円満な関係を築けていると自負している。

逆に考えると、そもそも家族仲が円満でない人は公安に呼ばれないと思う。問題が起こりそうなリスクは最初から排除しておきたいからだ。

「そんな調子で、ストレスは溜まらないの?」とか「どうやって発散してるの?」などと聞かれたりもしたが、元々私は忙しいことや家族に奉仕することを「苦痛」と感じないタイプなので、当然「ストレス」も溜まることはなかった。家族の喜ぶ姿を思い浮かべれば、ストレスなんて感じるはずもない。

■日本における各国の諜報活動

ここで、各国の諜報員のことを、私たち日本の公安警察がどのような目で見ているか、簡単に触れてみたい。

【ロシア】

ロシアには諜報機関が主に三つ存在する。旧ソ連時代のＫＧＢ（国家保安委員会）の流れを汲み、ロシア国内で防諜活動に従事するＦＳＢ（連邦保安局）、国外で情報を収集するＳＶＲ（ロシア対外情報庁）と軍直轄のＧＲＵ（軍参謀本部情報総局）だ（左図参照）。

日本では本格的な訓練を受け、実践を積んだＦＳＢやＧＲＵのスパイが諜報活動に従事している。パーティーやセミナーに出席し、名刺交換をするなどして、独自のネットワークを構築している。

【中国】

その時々の情報関心により、日本にいる中国人の中から、エリートビジネスマンや、大学で教職にある者、事業で成功している者などを選別し、硬軟様々な手段を使って諜報活動に従事させる。スパイが直接活動に関わることは少なく、自分の意を汲《く》む者を間に挟むことが多いので、足跡をたどりにくい。

また優秀な留学生の青田買いにも積極的で、それには大使館の敷地外にある別館が関わっていると言われている。必要とあれば、美人留学生をハニートラップに使用することも。

日本にいるロシアスパイ

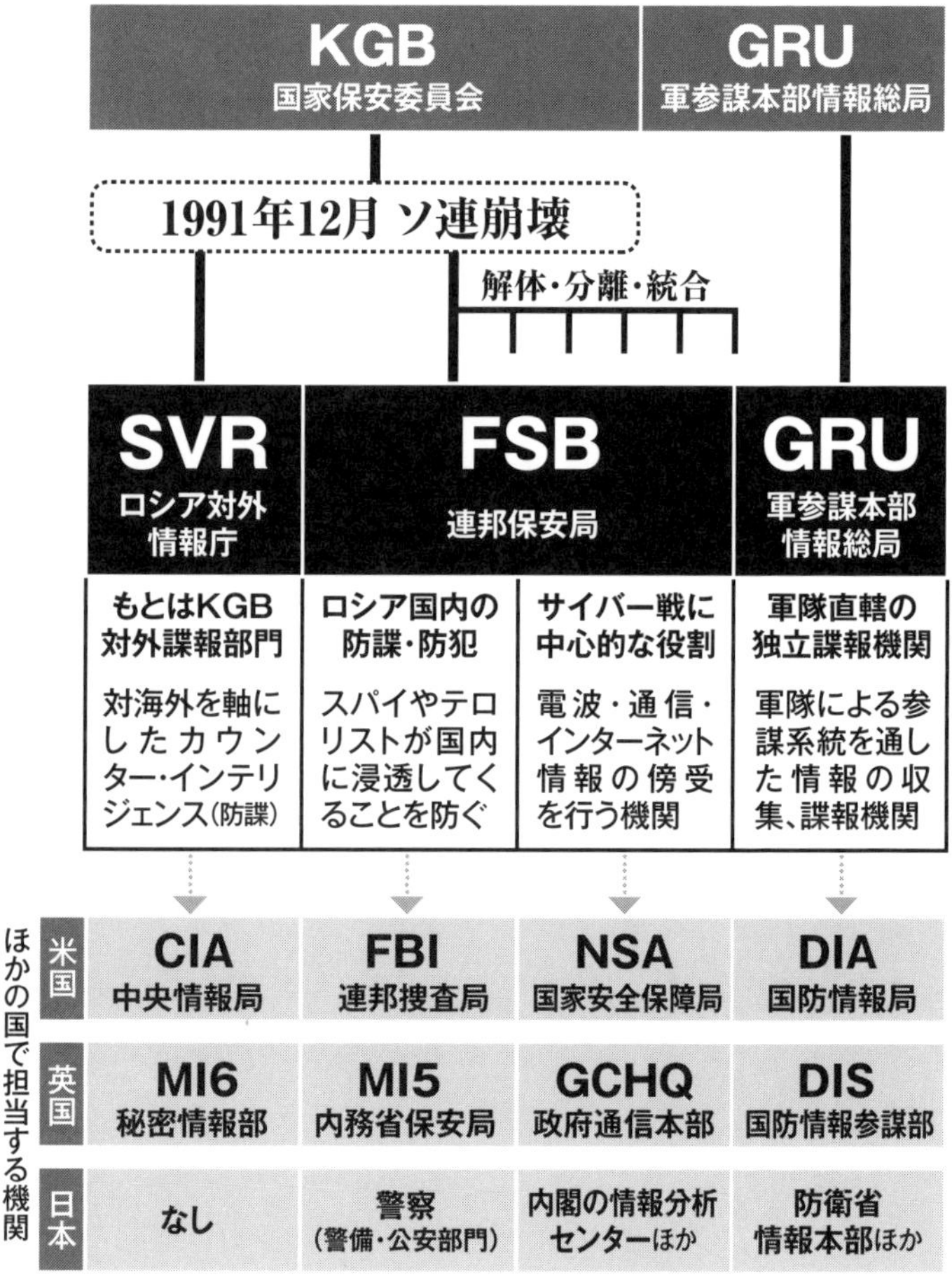
KGB
国家保安委員会
GRU
軍参謀本部情報総局
1991年12月 ソ連崩壊
解体・分離・統合
SVR
ロシア対外情報庁
FSB
連邦保安局
GRU
軍参謀本部情報総局
もとはKGB対外諜報部門
対海外を軸にしたカウンター・インテリジェンス（防諜）
ロシア国内の防諜・防犯
スパイやテロリストが国内に浸透してくることを防ぐ
サイバー戦に中心的な役割
電波・通信・インターネット情報の傍受を行う機関
軍隊直轄の独立諜報機関
軍隊による参謀系統を通した情報の収集、諜報機関
ほかの国で担当する機関
米国
CIA 中央情報局
FBI 連邦捜査局
NSA 国家安全保障局
DIA 国防情報局
英国
MI6 秘密情報部
MI5 内務省保安局
GCHQ 政府通信本部
DIS 国防情報参謀部
日本
なし
警察（警備・公安部門）
内閣の情報分析センターほか
防衛省情報本部ほか

『FLASH』（光文社）1550号の
記事をもとに作成

【北朝鮮】

在日北朝鮮人の動向を調査し、北朝鮮人スパイや協力者のリクルートや運営をしている。「日本におけるテロ」という意味では、最も要注意とされる存在。

【韓国】

朝鮮総連の動向を中心に情報収集している。中国と同様、必要があればハニートラップを繰り出すと言われているが、日本国内で日本人に仕掛けてもメリットはないので、実際はあまり聞かない。

【アメリカ】

日本における活動だけで本が書ける、と言われるほど、さまざまな局面に登場する。予算、人員、作戦等、いずれをとってもズバ抜けた実力を保持している。ひとたび「必要」と判断されたことなら、どんなことでも実行する。

【イスラエル】

イスラエルの諜報員といえば、映画や小説によく登場するモサド。その存在や影響力の大きさから「スパイ大国」とも評されるイスラエルだが、実は、どのイスラエル大使館にもモサドは配置されていない。普通のビジネスマンとして日本に滞在している人間が、諜報活動を行っているのである。

【オーストラリア】

私たち日本人が想像する以上に、オーストラリアの人たちは日本に関心を持っている。日本が「信頼できる同盟国であり続けてほしい」と願っているのが、ひしひしと伝わってくる。彼らの活動の中心は、オーストラリアに対する日本人の印象をよりよくすることである。

【イギリス】【フランス】【イタリア】

これら欧州の国々は、実は日本にあまり関心がない。

【シンガポール】【マレーシア】【タイ】【ベトナム】

これらアジア各国は、諜報活動を通して自国への悪い印象になる原因を探し、なくす努力をしている。

これを読んでどんな感想をお持ちになっただろう？　実感はないと思うが、実はあなたのすぐ近くにも世界各国の諜報員は存在していて、日々秘匿の任務を遂行しているのだ。

●公安あるある その1「結婚」

公安の部員は、結婚を考えている相手の素性を調査する義務がある。恋人本人はもちろん、その親きょうだいも含めてだ。交際している時に親きょうだいのことをくわしく訊《たず》ねたりすることもあるため、それが原因で破談になることもある。私の知るところでは、二回も破談になった者がいる。

部員の中には、交際相手の親きょうだいの生年月日をさりげなく聞き出すために、「実は占いにハマってて、キミのご両親の生年月日を教えて」というテクニックを使う者もいる。

●公安あるある その2「符丁」

これは公安に限らず警察全体に言えることだが、外部の人には意味がわからない符丁《ふちょう》を使うのが好きだ。

公安警察官の符丁は「ハム」で、公の字をカタカナ読みしたもの。私も潜入捜査中に警察官と出くわした際に、「オレはハムだよ」とやむなく身分を明かしたこともある。ちなみに、外事は漢字を訓読みした「ソトゴト」だ。

●公安あるある その3「ウ○コを漏らす訓練?」

日本ではないが、ロシアなどで実際に行われているといわれる訓練がある。

それは「いつでもウ○コを漏らすことができるようにする」訓練だ。

何のためにそんなことをするのか? 敵のスパイに捕まった時、拷問《ごうもん》されても情報を漏洩しにくくするというのが最大の目的だ。

拷問の最中に自分の意思で、大小便、鼻水、涙、涎《よだれ》を垂れ流すと、拷問する側のテンションがダダ下がりになるのは必至。さすがスパイ大国ロシア、想像のはるか上を行く作戦である。

第2章

公安警察の正体

■公安警察と一般の警察は仲が悪い？

「公安警察と一般の警察は仲が悪い」――これは昔からよく言われていることで、映画やドラマでもよく描かれる光景だ。

実際のところ、たしかに仲は良くない。特に刑事警察（刑事事件などを扱う、いわゆる一般の警察）が、公安に対して一方的に反感を抱く傾向にあるといっていい。

なかでも、いわゆる「叩き上げ」と呼ばれるような刑事の中には、公安に対して「あいつら、適当に時間をつぶして遊んでやがる」などと見当違いの批判をする者もいる。「スパイなんて大袈裟《おおげさ》に騒いでいるけど、会社の情報を売ってるただのコソ泥を捕まえるために大層なことしやがって」などと言う者もいたりする。

市民の安全を確保するのも大事、国家の危機を守るのも大事。甲乙をつけることはできない。元々の役割が違うのだから、お互いを比較すること自体がナンセンスなのだ。だから、映画やドラマの中でよく描かれる、刑事と公安が対立するシーンというのはほとんど事実であると受け取っていただいてかまわない。

この対立による弊害が鮮明になったのが、一九九五年三月に起きた「國松孝次警察庁長官狙撃事件」の捜査である。

捜査の主導権を巡り刑事部や公安部などが入り乱れて縄張り争いを繰り広げた結果、二〇一〇年に事件は公訴時効を迎え、未解決のまま捜査は終了となった。残念な限りだ。

私個人の意見としては、こうした現状は非常にもったいないと思っている。お互いの情報収集のためにも、刑事と公安は絶対に仲良くしたほうがいい。現に才能ある刑事や優秀な公安捜査員は、とても上手な形で情報交換を行っていたりもする。身内で争っている場合ではないのだ。

■身分を明かしてはいけない

任務が極秘である以上、身分や素性を明かせないのは大前提。だが、さすがに配偶者にも隠せとは言われない。それゆえに、先述した婚前の身辺調査が重要なのだ。

とはいえ、重大な案件ともなれば、身分の秘匿は絶対。かつては「完全なる独身」になりすます捜査員も中には存在した。

長期にわたる「潜入捜査」を行う場合、選ばれるのはたいていが独身者。存在そのものを隠す必要があるため、心配する人がいては都合が悪い。

私の周りにも、ある日忽然《こつぜん》と消えた捜査員が二人いた。同僚たちは「ああ潜入捜査に行ったんだな」と察していた。

これは長期的な潜入捜査ではないが、一時的にデモ隊の中に紛れ込むこともある。これも広義の潜入捜査といっていいだろう。

デモ隊に潜入した状態で、街の中で機動隊と一触即発の事態になったことがあった。ふと見ると、機動隊の中にかつて私の部下だった者がいた。彼のかすかな表情の動きで、すぐに私の任務を理解したことが見て取れた。お互いにアイコンタクトをとりつつも、周囲に怪しまれないよう本気でぶつかり合ったのを覚えている。

公安捜査員になりたての若い頃の話。私は都内のとある予備校への潜入捜査を命じられた。

監視対象は、Aという予備校生の男。Aは「テロ事件を引き起こす危険性のある過激派組織」の思想に傾倒していた。

大学進学のため予備校に通っていたAに接近し、その行動を監視する目的で、私も授業料を払って予備校へ通うことになったのだ。

しかし、既に二十代も半ばを過ぎていた私が予備校に通うとなると、さすがに周りから浮いてしまう。そこで、「『大学を卒業していったん就職したけど、やはりT大学に入って人生をやり直したい』と考えている男」という設定でいくことにした。監視対象のAはもとより、学生や教職員に対しても、私は「ただの予備校生」としてふるまうわけだ。私の真の素性を知る者は、その予備校に誰一人いない。

■適性

公安警察は、右のような国家の治安維持という重要な職務を担っているため、当然そこで働く人間、すなわち公安捜査員にも相応の適性が求められる。誰でも就《つ》けるわけではない。

「公安捜査員になりたい」と希望しても、先ほど触れた「監視対象」を見ればおわかりのように、危険と見做《みな》される団体や組織と関係がある人物は真っ先に排除される。また極端な政治的思想を持つ人間も弾《はじ》かれる。

では、どんな人物が公安捜査員に適しているのか？

新人（捜査員）が選ばれる際の基準は、だいたい次の三つである。

①健全な愛国心があるかどうか

日本を愛する気持ちがあればいいというわけではなく、「健全な」というのがポイント。

愛国心のあまり、独善的な主張をしたり、他者や他国に対して攻撃的になる者は向いていていない。

②質素な生活に耐えられるかどうか

要するに「道徳心」や「健全な経済観念」が必要であるということ。

特に公安警察の中の外事部門では、予算の裁量幅が大きく、企画を提出すればほぼ採用される。そういう強い権限が与えられている分、それを健全な形で行使する克己心《こっきしん》が重要になってくる。

③家族を愛しているかどうか

これは、家族を愛する気持ちの延長線上にあるのが「愛国心」であるという考えに基づいている。

心構えや任務遂行のための行動の原則も、すべてここから始まりここへ行き着く。

私の場合、おそらく①〜③の基準によって、公安捜査員に選ばれたのだろう。在職中の自分を振り返ってみても、テロやスパイ事件を阻止したい、テロリストやスパイを逮捕したいという動機を「健全に」備えていたと自負している。

■配属

本書を読んでいる方の中に、公安捜査員を目指す人がいるかもしれない。実際にどうすればなれるのか？

実は、これといった試験があるわけではない。

一般企業における人事異動のように、辞令を受けて配属される。

そして、公安警察に配属されるには、主に二パターンがあると私は思っている。

一つ目は、警察学校で上位の成績を修めた優秀な人材。いわゆるエリートと呼ばれる人が配属されるパターン。もう一つは、何らかの才能に特化した人材が配属されるパターンである。

私の場合は後者のパターンだと思われる。学生時代に予備校などで講師をするくらい英語ができたので、おそらくそのスキルが目に留まったのだろう。

ある日突然、「スカウト」が私の目の前に現れた。このスカウトに、私のことを調べ上げた詳細な資料を前に、配属の決定を告げられた。それは有無を言わさぬ調子で、端《はな》から私に選択の余地などない。

もっとも私自身、辞退するつもりはなかった。そもそも、ここで配属を拒否するような人物は、最初から、あるいは調査途中の段階で選考から外されるようになっている。

私自身が班長（オペレーションの指揮官）を務めていた時も、同様の手法で新人を採用していた。

ただ、いくら警察学校で優秀な成績を修めていても、いくら特殊なスキルを持っていたとしても、公安はそれだけで通用する甘い世界ではない。そのことは、本書の中でおいおい明らかにしていきたい。

ちなみに私の警察人生は二十数年にわたったが、そのうちの半分以上を公安部、それも外事警察に携わった。これは非常に稀《まれ》なケースらしい。

職務の性質上、癒着や慣れ合いを防ぐ必要があるため、一つの部署に長く在籍させないというのが公安の考え方だ。にもかかわらず、私がなぜそこまで長くいられたのかは、今もって謎である。

第2章　公安警察の正体　41

第二部　外事課秘録

カバーデザイン／松沢順一郎
本文デザイン／石川直美
帯イラスト・図版／浜本ひろし
企画／安達元一
構成／柴田隆
取材協力／石塚健司

第一部

公安捜査員

第1章 公安警察の基本

■公安警察と一般の警察との違い

本書のタイトルでもある警視庁公安部外事課の仕事を理解していただくにあたり、まずは「公安警察」という組織そのものについて述べてみたい。

公安警察とは、どんな組織なのか?

それは、簡単に言えば「日本の治安を維持するため日々任務を行う警察のセクション」ということになる。

その点で、一般の警察となんら変わりはない。

ただ、一般の警察と公安警察との決定的な違いは「取り締まる対象が異なる」ということだ。

一般の警察は「市井《しせい》の人々を脅かす犯罪」や「生活に害を及ぼす行為」を取り締まるのに対し、公安警察は「公共の安全に対する犯罪」や「反社会的な活動」を主な対象とする。

いわば、ミクロの目線から日々の市民生活を守るのが普通の警察で、マクロの目線から日本という国家全体を守るのが公安、と考えればわかりやすいかもしれない。

だから、公安が追いかける対象は、空き巣や痴漢、強盗や殺人などの凶悪犯といった連中ではなく、「過激派」や「テロリスト」などの犯罪者やその集団ということになる。

■さまざまな「公安」

ところで、ひと口に「公安」といっても、実はその役割ごとに幾つかの組織に分かれている。

ここで、それらの全体像をざっくりと並べてみよう。

【国家公安委員会】

国務大臣を委員長とし、その他五名の委員からなる行政委員会のこと。警察庁を管理する内閣府の外局。

【都道府県公安委員会】

各都道府県知事の所轄のもと、都道府県警察の管理を自治事務として行う組織。みなさんが持っている運転免許証に印字されているのは、この組織だ。

【公安警察】

本書が扱うテーマであり、警察の一部門。普通の警察が「刑事警察」であるのに対し、公安警察は「警備警察」という部門に属している。

【公安調査庁】

法務省の外局として、破防法や団体規制法などに基づき情報の収集と分析を行う組織。オウム真理教への観察処分の実施や、国内諸団体、諸外国、国際テロ組織などを対象とする情報機関。

【公安審査委員会】

公安調査庁と同じ法務省の外局。各法令の規定により、公安調査庁からの処分請求を受けて、各種の処分を審査・決定する行政委員会。

この中で一般的にいわゆる「公安」と認識され、映画やドラマ、小説などの舞台としてたびたび登場するのは「公安警察」と「公安調査庁」ということになる。

二つの中で本書では「公安警察」を主なテーマとしている。みなさんは「あの映画やドラマで描かれる公安の世界ってどうなってるんだろう?」という目線で読み進めてほしい。

■内実は地味な世界

普段、公安警察がどんなことをしているかというと……。

「監視」と「情報収集」、この二つに要約される。

実際に行われているものを挙げると、次のようなものになる。

・対象の動きを把握するため、ひたすら定点から対象を監視する
・アジトや活動拠点を炙《あぶ》り出すため、尾行する
・協力者（ドラマなどで言うところの情報屋）と接触し、情報を収集する
・収集した情報の精度を高めるため裏取りを行い、真偽を見極める
・常に新たな協力者を発掘、開拓するため、さまざまな人物にアタリをつける
・対象周辺における「ヒト・モノ・カネ」の動きを徹底的に調査する

こうして列挙すると、一見華やかなスパイ映画のような仕事に感じられるかもしれない。しかし、それは思い込みで、内実は辛抱・我慢・忍耐の三文字がふさわしい地味な世界だ。たとえば「定点監視」などの場合は、監視対象のわずかな変化を見極める必要があるため、何か月、あるいは何年もかけて監視し、「この日だけは建物への人の出入りが少し多い」などという微細な動きをチェックする必要がある。そのため、心身ともに健康な状態でないと遂行《すいこう》できない仕事であるともいえる。

■監視対象

次に「誰を監視しているのか?」「どんな情報を収集しているのか?」ということについて述べてみよう。

公安警察が「監視対象」とするのは、主に次に挙げる個人・団体である。

【公安警察のおもな監視対象】

・テロリスト（及びその兆候が見られる人物や団体）
・過激な言動を繰り返す左翼団体
・過激な言動を繰り返す右翼団体
・過激な思想の政治団体
・在日外国人の活動団体
・日本革命的共産主義者同盟革命的マルクス主義派（革マル派）など
・過激な宗教団体

・自衛隊（陸上・海上・航空すべて）

先述したように、公安警察の任務というのは「日本の治安を維持すること」だから、それを脅かす恐れがある組織や人物は監視対象になる。

国家を転覆させる恐れがある動きや計画を排除するのが目的のため、それなりの規模があって影響力も大きい団体や組織の名が挙がっている。

この中に、自衛隊の名前が挙がっていることに疑問を抱いた人もいるだろう。自衛隊は言うまでもなく、治安を維持する側だ。

実は、これにはちゃんと理由がある。自衛隊というのは「戦闘力」という大きな力を保持しているので、そこから重要な防衛機密が漏れたり、力を背景に日本の国体を揺るがすような行為に出るといったことがないとは限らない。そうしたことのなきよう、その管理や運用が正しく行われているかどうかを監視するのである。

警視庁の組織

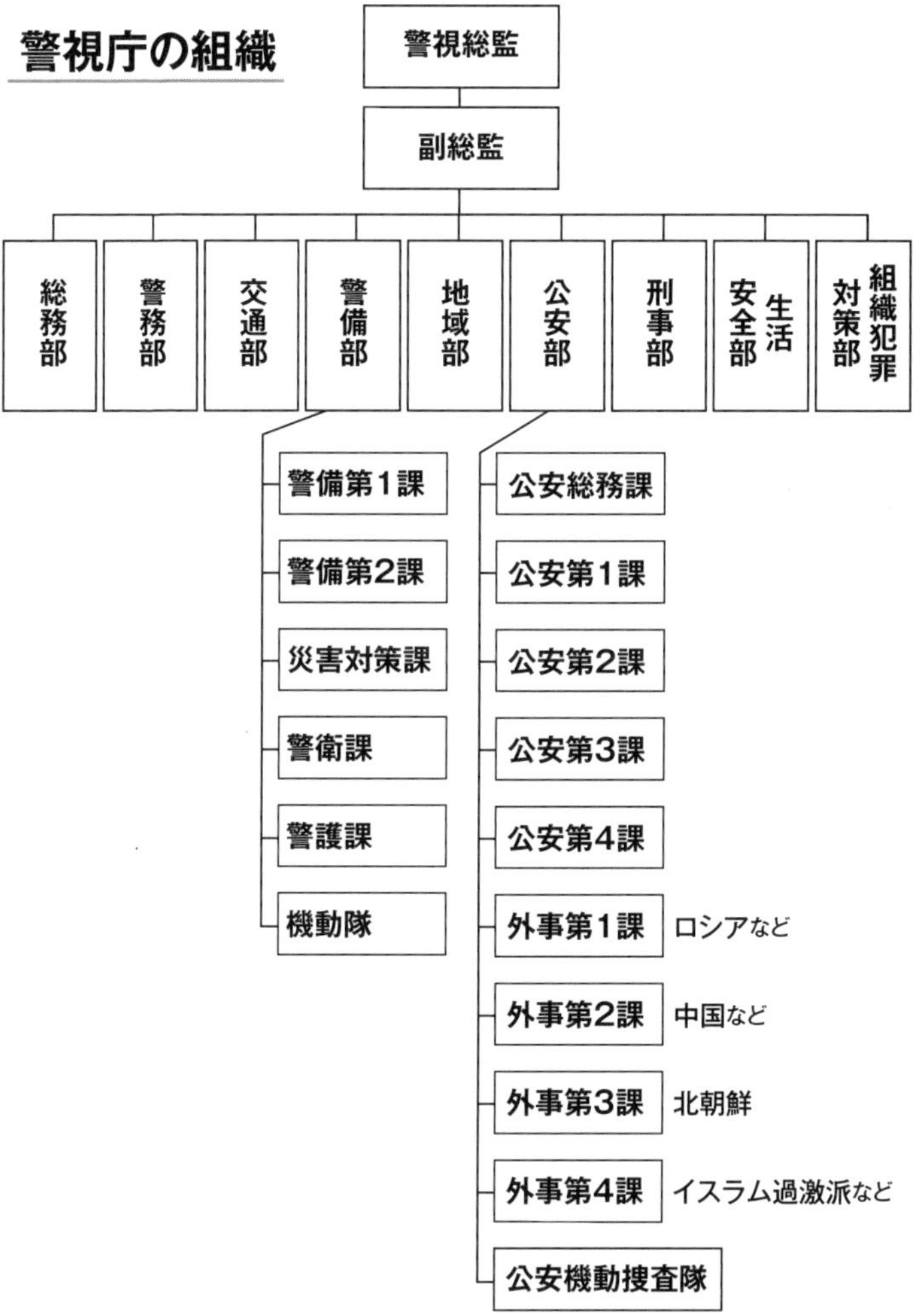
警視総監
副総監
総務部
警務部
交通部
警備部
地域部
公安部
刑事部
生活安全部
組織犯罪対策部
警備第1課
警備第2課
災害対策課
警衛課
警護課
機動隊
公安総務課
公安第1課
公安第2課
公安第3課
公安第4課
外事第1課 ロシアなど
外事第2課 中国など
外事第3課 北朝鮮
外事第4課 イスラム過激派など
公安機動捜査隊

の公安である。

その捜査対象は、時代とともに移り変わり、学生運動が盛んな時代は極左暴力集団、いわゆる過激派が中心だったが、その活動が下火になると、危険な教義を掲《かか》げる新興宗教団体、右翼団体、市民団体などに変わり、現在では多岐にわたっている。

私が所属し、本書のメインテーマでもある、外国による対日工作やスパイ活動、国際テロリズムなどを捜査する「外事警察」は、この公安部の一部をなしている。

ところで「外事警察」というと、麻生幾《いく》さんの小説や、それを原作にした渡部篤郎さん主演のドラマをご覧になった人が結構いるかもしれない。

正式名称は「警視庁公安部外事課」。東京都を管轄する警察組織である警視庁、その公安部に所属する課である。

外事警察の使命は、外国や外国人によって日本の安全が脅かされる事態を水際で阻止すること。つまり、テロリストがテロを企てたり、スパイが日本の国家機密や企業の機密データを盗み取ったりするのを事前に防ぐのが仕事である。

そういうと、派手なドンパチを想像する人がいるかもしれないが、外事課の仕事が表に出ることは滅多にない。

それは、事件が表面化する前に、水面下で処理しているからだ。事件が多くの人に知られることになれば、外事課の仕事としては失敗と見なされるのである。

実際、日本では外国人によるテロ事件やスパイ事件、亡命事件などが報道されることはほとんどないといっていい。まして、「警察24時」といった警察に密着する番組で、公安が中国のスパイを尾行する様子がゴールデンタイムのテレビに映し出されることは皆無である。

よって公安警察の活動も、人々に称賛されることや評価されることもない。

それでも外事警察の捜査員たちは、高いモチベーションを保ちながら日夜仕事をし続けているのである。

「功名を語らず」を旨とし、来る日も来る日も地べたを這《は》いつくばるような過酷な任務に従事している。はなから評価されることや感謝の言葉など期待していない。

もし仮に自分たちの日々のオペレーションが失敗したら、多くの日本人が犠牲になったり、日本の最先端技術が盗まれてしまうかもしれない……。そういう危機感に突き動かされながら、日々難しい任務に当たっているのである。

今回は、私がこれまで携わった警視庁公安部外事課の仕事について、日本国民の方にもっと広く知ってもらいたいと願い、筆を執《と》った。

本書を通して、日本の平和と安全を守るため、身を粉《こ》にして働いている現状を知ってもらいたいと考えている。

もちろん、わが国や外国に関する機密案件を扱う性格上、すべてをありのままにお伝えすることはできない。某国という表現が多くなってしまうことはあらかじめご了承いただきたい。

また、インテリジェンス（諜報活動）に関わる話もたくさん出てくるが、スパイ小説や映画の００７シリーズなどに描かれるようなハラハラドキドキは期待しないでいただきたい。美女とベッドをともに……などという色っぽい話はまったく出てこないことを、あらかじめお伝えしておきたい。現実は、地道な捜査と報告書作成を繰り返す日々なのだ。

地道な捜査といえば、身分を秘匿《ひとく》して「影」のように監視や情報収集に専念する警察官たちが、公安警察にはたくさん存在する。完全に別人になりきり、所属部署には滅多に姿を見せないような者もいる。彼らは街に溶け込んで、ひたすら対象者（ターゲット）の監視を続けているのだ。かつての私も、その一人だった。
こうした外事課の捜査員たちの日々の仕事の積み重ねによって、この国の平穏が保たれていることを理解していただけたら、筆者としてとてもうれしく思う。

勝丸円覚

令和三年葉月

目次

実際どんなふうにして情報を得ていたかなどについてお話ししたいところだが、今も現役で使われている手法であるため明かすことができない。

予備校生としての潜入捜査は一年間に及んだ。ある程度の成果が得られたということで、捜査は終了した。

Aには、「T大を受験したけど、今回もダメだった。あきらめて田舎に帰ることにした」と言い残し、私は姿を消した。それですべて完了。誰も私の存在を疑問に思う者はいない。

当時、私がそんな潜入捜査をしているのを知っていたのは、上司を含めてごく一部だけだった。縦割り組織である公安は、極力個人に情報を持たせないようにすることで、重要な情報の漏洩《ろうえい》を防いでいる。今現在、誰が、何の案件を追っているのか？ 同僚たちは知る由《よし》もないのだ。

私が公安を退職する時、上司にこんなことを言われた。

「ここで得た情報は墓場まで持っていけ」

■公安警察の女性

公安捜査員の中には女性もいる。ただ、絶世の美女やナイスバディの女性というのは映画の中だけの話。そういうタイプの女性は人の記憶に残りやすいので、公安には向いていない（少なくとも日本では）。

では、どういう女性が公安に向いているのかというと、平凡な容姿、痩せすぎず、太りすぎずという、ごく普通のタイプ。日本の公安の場合、海外の女性スパイみたいにハニートラップを仕掛けて情報を取ることはないからだ。

ちなみに女性捜査員は、護身用として催涙スプレーなどを持つ場合がある。なぜナイフなどの凶器ではないかというと、万が一、職務質問された際に「銃刀法違反」で逮捕されないためだ。

■「身バレ」を防ぐには

「職務質問」の話が出たついでにいうと、たとえ相手が一般の警察官とはいえ、公安捜査員は身分を軽々しく明かせないので、時と場合に応じた対処法で切り抜ける。これが公安としての腕の見せ所でもある。

公安も警察手帳は持っているが、提示しているところを監視対象者（以下、対象者、あるいはターゲット）に見られる恐れがあるので、簡単に提示するわけにはいかない。

そんな時は、まず「目の前の警察官がどんなタイプなのか」を見極めることに徹する。

もし体育会系の警察官なら、その場で身分を明かすことはせずに、こう言う。

「交番へ行くから勘弁してください」

そして、交番の中で手帳を提示する。経験上、こういうタイプはいくら言葉で説明しても理解してくれないことが多いからだ。

また、もし気の利いた風の警察官なら、小声でこうささやく。

「俺はハムだよ」とかね。

「ハム」は公安の公をカタカナにしたものなので、わかる人にはわかる。場合によっては、警察学校の校歌のサビ部分を小声で歌ったりすることもある。

ただ、いくら慎重に気配を消していても、身分がバレてしまうことがある。

それは、〝同業者〟に出くわした時だ。

昔、茨城県のとある田舎町で監視活動をしていた際、別の部署の公安捜査員と遭遇《そうぐう》したことがあった。後になってようやく、同じネタを追いかけていたことに気づく。「公安警察あるあるある」だ。

バレてしまうケースのもう一つは、警察マニアに見つかってしまう時。警察関連の書籍を読みまくり、ネットなどで細かい知識を得た彼らの観察力は並みの公安捜査員と同レベルだ。

それだけ聞くと、厄介な存在のように思われるが、実はそうでもなかったりする。話しかけてくることはあるが、邪魔はしてこない。そんな彼らを弟子のように育てて協力者にすることもあれば、警察を受験させたり、探偵会社を勧めたりしたこともある。

■目の前で事件発生

身分を明かせないがゆえに、歯がゆい思いをする場面も多々ある。

たとえば、スパイを追う任務を遂行中の公安捜査員は、目の前でひったくりなど他の犯罪が発生した場合、取り押さえはしても、そこから先の対処ができない。あくまで、目下のミッションに専念しなければならないからだ。

犯罪に大小はないが、物事には優先順位がある。公安としては、そういう犯罪は別の警察官に任せなくてはいけない。

その場でひったくり犯を取り押さえ、現場検証をしたり調書を書いたりといった正式な手続きを踏んでいる間に、国や国民に重大な被害を与えかねないスパイやテロリスト予備軍を逃がしてしまうかもしれない。だから公安は、もし軽微な犯罪者を捕まえたら、近くの警察官をすぐに呼んで、気前よく手柄を譲る。

■尾行

尾行は基本、チームで行う。

対象者を尾行するチームには、「強制尾行チーム（わざとバレバレの尾行をする）」と「秘匿チーム（絶対にバレずに尾行する）」の二種類がある。強制尾行チームは対象者につきまとい、本来意図する行動をさせないという作戦をとっている。

尾行を中断せざるを得ない時、その原因には「失尾（対象に気づかれたり逃げられて見失うこと）」と「脱尾（高度な判断により、あえて尾行をやめること）」の二つがある。

失尾の場合、数年越しのオペレーションが水泡《すいほう》に帰《き》すようなこともある。この時のショックは大きい。

脱尾は、現場の判断でオペレーションを継続させることを最優先とする。その時の気分は、頂上を目前に悪天候のために登頂を断念、下山して再挑戦を期する登山家と同じであろう。

尾行は、時には一人で追わなくてはいけない場面もある。困るのは、二人の対象者を一人で追う場面だ。

たとえば「スパイの外交官A」と「Aに接触するスパイでないB」の二人を追っていたとする。その二人が接触の後に別々の方向に歩きだしてしまったら、どちらを尾行すべきか？

答えはBである。

理由は、外交官は国際法で逮捕できないからだ。そのためスパイに接触した関係者を捜査して逮捕するしかない。日本では、スパイ行為そのものを罰する法律がないので、窃盗罪や横領罪などでスパイ行為を取り締まらなければならないのだ。

尾行を続けて関係者であるBが罪を犯した証拠を固めて、スパイ活動の実態を世に知らしめることのほうが、日本では重要なのである。

二〇一二年五月に発覚した「李《り》春《しゅん》光《こう》事件」においても、日本でスパイ活動をしていた中国の在日大使館の一等書記官・李春光氏は、外交官の身分を隠して外国人登録証明書を不正に更新した外国人登録法違反という「別件」で立件された。

ちなみに、この事件では、李氏に「農産物や衣料品の対中輸出の特別枠を得られる」という儲け話を持ちかけられた当時の鹿野《かの》道彦農水大臣らが、そうとは知らず李氏の日本政府内での諜報活動に結果的に便宜を図ることになった。もちろん、そんな儲け話など存在せず、李氏が集めた金は、諜報活動の資金になったといわれている。諜報活動の目的は、日本の農業政策に中国の意向を反映させるためであった。

■「運転手さん、あの車を追ってくれ」は本当にあるのか？

ところで尾行といえば、よくドラマでタクシーの運転手さんに「前の車を追ってくれ！」などと言うシーンがある。あれは、実際にあることだ。私もやったことがある。

こういう時に困ってしまうのが、やたら「張り切ってしまう運転手さん」。対象者の車を見失わないよう、ぴったりくっついて運転したりする。気持ちは有難いのだが、対象者にバレては尾行の意味がなくなる。対象者の車の動きだけではなく、車との距離や周囲の交通状況の把握、二台を追う場合どちらを優先すべきかの判断など、尾行というのは常に神経を集中させないとできないものなのだ。

ところで、タクシーでの尾行ということでは、私は極力、会社の規則の縛りがないぶん融通が利く個人タクシーをなるべく利用するようにしていた。そのなかの一人に「長年タクシーの運転手をやってて、ずっとこの日が来るのを待っていました。お代は要りませんのでどこまでも追いかけていきますよ」と言われた。初老の男性運転手さんだったが、この時ばかりは少年のような顔つきになった。

ただ、その言葉に従うと無茶な運転をされそうなので、尾行の注意事項を説明しながら、対象者の車を追ってもらった。もちろん、料金はきちんと払った。

■変装

公安に変装はつきものだ。

たとえば、あるマンションを監視する場合、そのマンション内を移動しやすい（いても不自然に見えない）格好の「電気屋さん」や「水道屋さん」、「宅配業者」などに変装する。

あなたも、駅前や歩道などで胸にゼッケンを付けて「ゴミ拾いをしている人」を見かけたことがあるかもしれない。実はあれ、変装した公安捜査員だったりもするのだ。

公安の各課には主要な制服がほとんど揃っている。たとえば十人ほどの大人数で「電気屋さん」に変装する場合は、公安部の他の課から「電気屋の制服、貸して」と貸し借りする。服のサイズが合わない場合は、わざわざ特注することもある。

私の場合、「サンドイッチマン」「看板持ち」「釣り人」に変装したことがある。釣り人に化けた時は、事前に近くをスパイが通る（スパイが誰かと接触する）という情報を受けていた。当然のことだが、任務が決まってから変装する職業が決まるため、準備はしにくい。だからすばやく行う。

早朝、ＪＲの駅近くの釣り堀の前で、開場を待っている、あるいは連れとの待ち合わせをしている、そのどちらともとれるよう釣り人の格好をして、スパイの通過を確認すべくクーラーボックスに腰かけていた。なぜ、そんな手の込んだことをするのかというと、普通の格好で早朝の駅周辺にただ立っていると意外と人目に付くからだ。訓練を受けたスパイであれば、それが公安であることをすぐに見抜いてしまう。

ちなみに、警察に協力的な店にお願いして、店員に変装することもある。バーテンダーに変装し、グラスから対象者の指紋を採取するということもあった。

■点検と消毒

また、自分が尾行された時、警察に協力的な店に駆け込むこともあった。店内で従業員用エプロンを使って従業員になりすましたり、裏口から抜け出ていったりするためだ。

このように、ターゲットを尾行しているつもりが、逆に自分が尾行されることがときどきある。ターゲットが所属するグループがあらかじめ公安の周辺に監視体制を作っていて、追ってきた者を逆に尾行し返すケースだ。

そういう時、相手に自宅を突き止められては困るので、尾行に従事した後は何度も自分が尾行されていないか確かめ、尾行者を振り切ろうとする行動をとる。いわゆる「点検」と「消毒」だ。

点検によって尾行者の存在に気づいた時は、乗った電車のドアが閉まる直前にホームに降りたり、自宅とは反対方向の電車に乗ったりする。そして、駅を降りたらあっちに行ったりこっちに行ったりしながら、すっと路地に入って姿を消す（消毒）。「公安の職業病の最たるもの」が、この「点検グセ」「消毒グセ」だろう。

自分の身元がバレるのを防ぐ策の一つとして、公安では常に点検と消毒をすることが望ましいとされている。とはいえ、それにも限界があるので、メリハリをつけて行うようにしている。実際にスパイを追跡した日や情報提供者に会いに行く日などは、普段よりも細心かつ回数を増やして点検の実施を心がけていた。

出勤時は「自宅を出る時」「自宅からの最寄り駅に着いた時」「乗換え駅に着いた時」「職場の最寄り駅に着いた時」に点検を行い、帰宅時なら「職場を出た時」「職場からの最寄り駅に着いた時」「乗換駅に着いた時」「自宅の最寄り駅に着いた時」などで重点的に点検する。

だから休日に家族で買い物に出かけた時も、いつの間にか点検している自分に気づく。家族からすると、かなり挙動不審な動きに映る時もあるようだ。

■素行調査

公安の任務に就いたばかりの者、公安の仕事に復帰したばかりの者を、業務に適しているかどうか調べるため、〝素行調査〟をすることがある。

私自身、公安仲間の尾行をしたこともあるし、反対に尾行をされたこともある。尾行をされたのは、私がアフリカ某国での大使館勤務を終え、日本での公安捜査に復帰した直後のことだ。

ある時、電車のシートでスマホに目をやって、ふと視線を上げた瞬間、斜め右前の男性と斜め左前の女性が同時に私からさっと目をそらした。おそらく、公安の仕事に復帰したばかりの私が、大使館勤務の間に他国の手先として動くようになっていないか調査していたのだろう。

二人は私の自宅を知っているはずだから、消毒をして尾行をまいたとしても意味はない。それどころか、あらぬ疑いをかけられるだけである。

私は二人の存在に気づいたことなど露《つゆ》ほども態度に表さず、いつものように行動した。もっとも、彼らは私に気づかれたと思ったのか、途中の駅で電車を降りてしまったが。

もしかしたら、私が気づく数日前から、二人は私のことを監視していたのかもしれない。いずれにしても、尾行のプロとプロが電車の中で無言の火花を散らせていたことを、他の乗客は知るはずもない。

■七つ道具

映画に出てくるような派手なものではないが、公安の捜査員は七つ道具のようなものを持っている。

主なところでは「単眼鏡」や、ペンなど小さな筒状の形をした「カメラ」だ。

単眼鏡は、離れたところにいるターゲットを視認する時などに使用する。双眼鏡と違い、両手がふさがらないので便利だ。

カメラで撮影するのは「動画」。静止画ではなく動画を撮る理由は、人物を特定したり、会話の内容を読唇術《どくしんじゅつ》で把握《はあく》したりするため。「外国語の読唇術」をする特殊技能を持った捜査官もいるので、秘匿捜査では極力動画で記録をするよう努める。

カメラには、メガネ型や靴に仕込むタイプなど様々な種類があるのだが、盗撮で捕まるリスクがあるので、ここぞという時以外はあまり携帯しない。

こうした道具を開発する、００７シリーズのＱのようなスタッフはいるのか、といえば、それに似た役割の者は存在する。ただ、専門職ではなく、他の仕事と兼務しながら、市販されている機器を改良して小道具を作っている。公安総務課や警察庁には小道具の専門家がいて、彼らに教えを乞《こ》うこともあるようだが、質問をすると「何に使用するのか」と説明を求められると面倒なので、極力自力で作成している。

■協力者

刑事ドラマを見ていると、街の裏側や怪しい人物の情報を刑事に吹き込む人物が出てくる。いわゆる情報屋だ。

彼らのことを、公安では「協力者」と呼ぶ。街のチンピラみたいな人間はもちろんのこと、テレビや雑誌など各メディアの記者やリポーターにも協力者はいる。長年追っているターゲットの情報を得る場合は、協力者の存在が不可欠だ。

ターゲットが勤める会社の上司や同僚なども協力者になる。彼らはターゲットの素性や本性は知らないが、ターゲットのことをよく知っている。ターゲットの周辺を調査（基礎調査）する過程でそういう人物が浮かび上がったら、さまざまな手を駆使して、その人物に近づく。

ある極左暴力集団のターゲットを基礎調査（基調）する過程で、ターゲットが勤める会社の同僚Aが、ターゲットと非常に仲がよいことがわかった。

私はターゲットに関するオペレーションを管理する作業指導官の指示に従い、Aに接近することにした。

Aは無類のパチンコ好きで、いつも同じパチンコ屋で打っているという。そこで、ある時、Aが打っている台の隣に座り、Aに「どうです？　この店はよく出ますか？」と話しかけた。

先ほども述べたが、私は社交的な性格ではない。それでも、仕事とあらば、いくらでも〝キャラ変〟ができる。私は〝パチンコ大好きサラリーマン〟になりきって、Aとパチンコを打ちながら世間話をした。

パチンコは学生時代に何回か打ったきりで、その後はまったく打っていなかった。見る人が見ればド素人であることは一目瞭然だっただろう。だが、Aは自分の台しか見ていなかった。私の話に疑うことなく、「この店は、土日は釘が厳しい。木曜日の昼間が甘いから、ときどき有給休暇をとって来ている」などと返してきた。

何度かそのパチンコ屋に通ううちに、Ａとは顔見知りになった。隣同士で打つことも多くなり、次第に親しくなっていった。

Ａと親しくするのは、ターゲットについての情報を知るためである。だからといって、パチンコを打ちながらターゲットの名前を口にすることはない。ましてターゲットのことを聞き出すことなど絶対ない。基調で、ターゲットが極左暴力集団に所属するのをＡが知らないことはわかっていたが、それでも唐突にターゲットの話題を持ち出せば、間違いなく怪しまれるだろう。だから、私はその時が来るまで、じっくり時間をかけてＡと懇意になっていった。

私の台がとても調子よく、Ａの台がうんともすんとも言わない時は、「急に用事ができて、すぐに出なければならなくなった」と台を譲ったこともあった。負けが込んでいるＡは大喜びである。

次に私がパチンコ屋に顔を出したのは、一か月後のことだった。間を空けたのは、作業指導官の指示である。曰く「Ａにはお前に対する良い印象が残ったはずだ。でも、それだけでは、お前に会いたいとは思わないだろう。また会いたいと相手に渇望《かつぼう》させるには、一か月くらい顔を合わさないほうがいい」。人間心理の機微に通じた者の発想である。

実際、「ご無沙汰です。名古屋に長期出張に行ってました」と言って、久しぶりにAの隣の台に座った時、Aは心からうれしそうな顔をした。

それからも、パチンコの後、Aと近所の居酒屋に飲みに行ったり、ひとり暮らしのAの部屋で家飲みをしたりして、とても親密な仲になった。

話の中で、Aの会社のことも次第にわかってきた。ターゲットのことに触れて不自然に思われなくなるまで、あと、ひと息である。

しかし、その矢先に作業指導官からオペレーションが変わったとの連絡が入り、私は御役御免となった。私の後任の捜査員がAの〝担当〟となって、Aのパチンコ台の隣に座るのかもしれなかったが、それは私にはわからなかった。

Aに「転勤が決まって、この店に来るのも最後です。短い間でしたが、ありがとうございました」と言った時、寂しそうな顔をしていたのを覚えている。

実は公安捜査員は、こうした協力者作りのように、かなり自由度の高い活動を行うことが可能なのである。

自由度の高い活動ということでは、たとえば「反社会的勢力」や「テロを企てかねない組織」など、状況によってはこうした組織の内部へ潜入しなくてはいけないこともある。映画好きの方なら、ジョニー・デップ主演の『フェイク』や香港映画の『インファナル・アフェア』で描かれた世界を想像してみてほしい。

ただ、この件に関しては、秘匿を要する事象であるため、これ以上の話は差し控えさせていただく。

■公安対象と風俗店の常連同士に

ある外国人の男を公安対象としてマークしていた。

公安対象とは、スパイ、テロリスト、それらの支援者・同調者などのことを指す。

日本人の場合と同じように、外国人に対しても公安対象とする際には基礎調査を行う。経歴、交友関係、行きつけの店、趣味、借金の有無などを調べた上で、接近するきっかけを探すのだ。

基調で、その外国人が、ある風俗店に入れ込んでいることが判明した。

ときどき別の店にも行くようだが、ほぼ毎回、特定の店の特定の女性を指名予約していた。

ここで、今後の方針の検討に入る。

指名している女性を協力者にして、彼女から情報を取るか。

しかし、その外国人が女性に話す内容が、当方が期待しているレベルには達しないだろう、つまり核心に触れる情報は明かさないだろうとの判断から、彼女を協力者にする線は消えた。

残る手段は、男性捜査員の誰かがその風俗店の常連になり、機会を窺《うかが》って外国人に接近し、常連同士ということで仲よくなること。

結局、この案が採用された。

今後の活動にも支障をきたすので、その後の詳細は省かせてもらう。

■情報が欲しければ、先に与える

外事警察の場合、外交官から情報や意見をもらうことがある。

その場合、意外かもしれないが、週刊誌の記事をエサにすることもある。

ほとんどの在日大使館では、日本の主要新聞やテレビニュースなどのメディアを日々精査しているのだが、女性のヌード写真やゴシップを掲載しているような週刊誌まではチェックしない。

そこで、私がその手の雑誌に載っている記事をコピーし、要約した内容を添付して渡すと、彼らは面白いように食いついてくる。この手で仲良くなった大使も数多くいる。

要するに、情報を取りたい相手に対しては、最初にこちらから情報を与えるということ。重要な情報でなくても、相手の興味を引く情報を与えることができれば、難攻不落の相手も、必ず心動くものだ。

■信頼の二十四時間対応

公安の協力者の中で最強なのは、各国在日大使館の外交官である。彼らを味方につけておくと、非常に質の良い情報が得られる。

ただ、ひと口に外交官といっても人それぞれ。取り入りやすい人もいれば、ガードが固くなかなか胸襟《きょうきん》を開いてくれない人もいる。

ところが、ガードの固い人に限って、仲良くなると重要な情報をリークしてくれたりするものなので、外事捜査員は彼らの信頼を得ることに日々努めている。

某国の在日大使館にとても偏屈な性格の大使がいた。ただ私にとって、人脈の広い彼は大きな情報源であった。そのため、彼からの接触要請に対しては、就寝中も枕元に携帯電話を置くなどして、二十四時間いつでも対応することにしていた。

ある日の深夜零時過ぎ、枕元の携帯電話が鳴った。その大使からだった。息子がトラブルを起こしたという。自転車を無灯火で走っている時に歩行者にぶつかり、被害者がすぐに一一〇番して、今にも逮捕されそうだというのだ。いつもは感情を押し殺している彼だったが、この時ばかりは声が上ずっていて、明らかに動揺している様子が窺《うかが》えた。

迷う暇はない。すぐに私は自宅にタクシーを呼んで、現場へ駆けつけた。そして、所轄署対策や被害者対策などに奔走した結果、大事にならずに済ますことができた。

この一件以降、彼は私をとても信頼してくれるようになった。どんな些細なトラブルでも私を頼り、その見返りに貴重な情報をどんどんもたらしてくれた。妻に嫌がられながらも、枕元に携帯を置いていた甲斐があったというものだ。

ときに「直電《じかでん》」と言って、公安宛てに電話をかけてきて情報をリークしてくる者もいる。そのほとんどはガセ情報だが、中にごくごくたまに「マジネタ」もあるので、真偽を確かめる眼力が必要になってくる。

■タレコミ

ある時、東アジア某国の国籍を名乗る人物から、「大事な話があります」と電話があった。くわしく話を聞くうちに、ガセ情報ではないという確信が持てたので、警察署に来てもらって話を聞くことにした。

彼は自らが勤務する日本企業の情報を、知り合いである同じ国の外交官に謝礼と引き換えに渡していた。最初は企業紹介のパンフレットの内容といった当たり障《さわ》りのないものが中心だったが、次第に要求がエスカレートしていき、企業が保有する技術や機密事項に関するものが求められるようになった。それにつれ、謝礼の額もどんどんアップしていったものの、怖くなってきたので、警察に連絡してきたのだった。私は東アジアに関する案件を扱う外事二課に引き継いだ。

他にも、外交官や大使館の職員が関係する犯罪行為についてのタレコミは枚挙にいとまがない。某国大使館の職員が不法な海外送金をするための「地下銀行」を営んでいたケースもその一例だ。

日本に滞在する外国人が地下銀行を主宰するケースはよくあるのだが、大使館勤務となると、社会的信頼も厚いので、他に比べて多額のお金が集まってくる。その際、預けたお金をきちんと本国に送金していなかったりすると、トラブルに発展する。それを告発する先が日本の警察であり、公安であるというわけだ。

■ハニートラップ

スパイ映画では、よくハニートラップの話が出てくる。ハニートラップとは、主に女性スパイが男性に対して色仕掛けで行う諜報活動のことをいう。

結論から述べると、日本の公安がハニートラップを仕掛けることはない。その理由は単純明快で、費用対効果が悪すぎるからだ。

しかし、海外の諜報機関などでは、今なお横行しているのが現状だ。アメリカや韓国なども使うことがあるが、特にこの手口を多用するのは中国、そしてロシアだろう。

ロシアがソ連だった頃は、女性スパイを訓練所において全裸で生活させたり、同僚男性と肉体関係を持たせたりすることで、性的な羞恥心《しゅうちしん》を取り去ったという。東西冷戦時代には、主にヨーロッパでソ連の美人スパイが暗躍した。

近年では、「美しすぎるスパイ」と言われたアンナ・チャップマンが有名だ。チャップマンはロシア対外情報庁（ＳＶＲ）の命を受け、表向きはアメリカ、マンハッタンの不動産会社のＣＥＯを務めながら、アメリカの核弾頭開発計画などの情報を色仕掛けで収集していた。

日本の公安がハニートラップを仕掛けることはない一方で、仕掛けられることはある。中国やロシアなどの国々からで、公安捜査員だけでなく、キャリア官僚や大企業の幹部なども標的にされる。

ところで、ハニートラップというと「訓練されたプロフェッショナルな女性」というイメージがあるかもしれないが、それは間違い。かつてはそういうこともあったが、現在は、わざわざ専門のハニートラップ要員を育てるようなことはまずしない。

では、どうしているのかというと、「後づけ」。

対象者が好意を寄せている、あるいは気になっている女性を把握し、彼女に金銭を渡すなどして「後から協力者に仕立て上げる」という手法だ。

少々荒っぽい気もするが、これが結構な成果を挙げている。しかもゼロからプロの要員を育てるよりもはるかに楽、かつ安上がりなので、理にかなった方法といえるだろう。

たとえば中国の場合、ターゲットがたまたま気に入った女性を、後から金銭を渡すなどして協力者に仕立てる手口が多いようだ。

■至るところに「仲間由紀恵」が……

外務省のある若いキャリア外交官（将来の大使候補）が、中国人の経営するバーに行った時のこと。バーのオーナーに好きな女性のタイプを聞かれた彼は、即座に仲間由紀恵と答えた。

すると後日、「仲間由紀恵」が至るところに現れた。自宅近くのコンビニ内で肩が触れ、外国語訛《なま》りで「ごめんなさい」と謝ってきた「仲間由紀恵」、行きつけのバーや居酒屋でたまたま隣に座った「仲間由紀恵」、帰宅時に外務省から出たところで出くわした「仲間由紀恵」、電車の中で目が合った「仲間由紀恵」……。みな同一人物だった。

怖くなった彼は警察に駆けこもうとしたのだが、正式に相談するのはキャリア外交官のプライドが許さない。そこで、かねてから面識のある私に、「裏口」からコンタクトをとってきた。

調査したところ、この「仲間由紀恵」は中国人留学生であることが判明した。バーの中国人オーナーのもう一つの顔はスパイと目されていて、外交官の話を聞くやただちに日本語ができる仲間由紀恵似の女性を見つけてきたのである。

こうした工作を日常的に行うには、相当な規模の予算や人員が必要になる。スパイ機関というのは、標的を決めたらそこに予算と人員を惜しみなくつぎ込み、あらゆる策を講じる存在だということを覚えておいたほうがいい。

ハニートラップが盛んな某国大使館主催のパーティーでは、必ずといっていいほど美しい女性がたくさんいる。

公安の中でも外事課に勤務していると、こういう場に顔を出すことがある。男性の同行者には、あらかじめ「美人がたくさん寄ってくると思うけど、気をつけてくださいね」と釘をさしておく。にもかかわらず、アルコールが入った状態で、美しい女性が近づいてくると、たちまち腰砕けになってしまう。

後日、その美人から同行者に連絡がくるのだが、誘いに乗るのは絶対危険。鼻の下を伸ばしている彼に対して、「わかっているとは思いますが、会うのは危険ですよ。ましてや、のこのこホテルまで行かないように」と強く念を押す。

こうしたことを何度も続けてくると、仕事以外のパーティーやレセプションなどの場で女性と知り合っても、まずその場の挨拶で終わってしまう。公安の悲しい性《さが》で、身構えてしまうからだ。女性が身構えるのは普通だけど、男の側が過剰に警戒すると、相手の女性に引かれてしまう。なので、最初からこういう場で、女性と仲良くなる可能性は捨てて、自然に振るまうようにしている。

■独自の暗号や通信手段

一般論になるが、スパイの世界ではあまり暗号は重視されていない。

ナチス・ドイツの暗号作成機「エニグマ」のように、かつては「暗号こそが戦争を制する」と考えられていた時代もあった。しかし、隅々までネットが張り巡らされた今となっては、メッセージも暗号も「解読されて当たり前」「傍受されて当たり前」と捉えられているのだ。

そんな状況だから、最先端のデジタル技術に頼るよりも、アナログに「現物を手渡す手法」のほうが重宝されている。

公安の仕事も同様で、今も人間本来の能力や技能を駆使したアナログな手法が幅を利かせている。

そして捜査員の中には、人間の能力や技能の中でも特殊といえる才能を備えた者が存在する。

たとえば「外国語の読唇術」をマスターしている者もいれば、空き巣のプロに指導してもらい、鍵開けのスペシャリストになった者もいる。

面割り捜査官、またの名を「スパイハンター」の中にも特殊技能の持ち主がいる。面割り捜査官とは、指名手配犯を専門に捜す捜査官のことである。

過去から現在まで、二千名もの対象者（スパイ本人、その家族・友人、指名手配者なども含む）の情報がすべて頭の中に入っているという特殊能力の持ち主たちだ。

その情報は、「靴底は外側に減っている」とか「耳の後ろにほくろがある」など、本人よりも本人のことを知っているとしか思えないほどの細かさだ。中には、顔色や立ち居振る舞いなどで、対象者の体調までわかってしまう者もいる。

彼らに言わせると「自分の家族よりスパイ（対象者）を見ている時間が長いからいつの間にか覚えてしまった」とのことだが、もちろんそれは日々の鍛錬《たんれん》と努力の賜物《たまもの》だろう。

また、どんな対象者でも途中でまかれることなく尾行する伝説の公安捜査員が私の周りにもいた。

ただし、その手法は誰にもわからなかった。

ある時、公安に絶対に動向を探らせない手強《てごわ》いスパイがいた。尾行をまくために晴海埠頭を三往復したり、駅のホームに誰もいなくなるまで佇《たたず》んでから次の電車に乗ったりといった徹底的な〝点検〟をしていた。

しかし、伝説の捜査員は、どういうわけか、そのスパイの行動の一部始終を把握していたのである。

残念なことに、彼はその超人的な尾行・監視の技術を私たちに教えてくれなかった。まるで武道や芸事の免許皆伝《かいでん》のように、直系の弟子にしか伝授しなかったのである。

■瞬間記憶術

任務遂行時はメモが取れない状況に置かれることが多い。そういう時に役立つのが、「瞬間記憶術」だ。

この能力は、私を含め公安捜査員の多くが兼ね備えている。上司や先輩に現場で仕込まれるのだ。

おかげで一度訪れた場所であれば、頭の中の記憶だけで「現場の見取り図」を再現することができる（ただし、直接関係のない場所や重要度の低い箇所は除く）。

街を歩いている時でも、「瞬間記憶術」を駆使して、本能的に管轄警察署への通報ネタを集めていたりする。たとえば以前、マンションのベランダから外の様子を盗み見ている男の存在に気づいたことがあった。私はすぐにマンションの形状を脳に焼きつけ、部屋番号を特定し、管轄警察署に照会した。その結果、その部屋の住人には複数の犯罪歴があり、近所から不審者に見られているという情報が得られた。

もちろん、ベランダから盗み見ているだけで犯罪者扱いするつもりはないが、近いうちに何かしでかしそうな気配だけは十分に感じられた。私は管轄警察署に「あの男には注意を払っておいたほうがいい」と伝えた。

こうして、これまでに数えきれないくらいの不審者情報を通報してきた。なかには、逃走中の指名手配者だったこともあった。

瞬間記憶術のポイントは、目を魚眼レンズにすること。そして、頭を動かさずに目だけを動かすこと。たとえば、喫茶店の中でスパイを探す訓練をする場合。この中でスパイだとすればどいつが第一候補か？　第二候補はどいつか？　を、まず直感で決める。

次に、スパイがこの場所にいる理由を想像する。

誰かと待ち合わせか？　誰のことを見ているのか？

しばらくの間、第一候補の人物を見るともなく見て、気になる点がなければ、候補から落としたり、候補順位を下げたりする。

こんなことを毎日毎日繰り返していれば、誰でもメモなしで現場の見取り図を再現できる。何事も訓練次第だ。

ただし、公安の人間はそれをやり過ぎてしまうから、いつの間にか職業病のようになってしまう。

ある時、家族旅行の最中に不審者情報を地元県警の警察署に通報したら、逆に私が疑われてしまい、駐在所勤務の若い警察官から旅館で取り調べを受けたことがあった。正義感からくる彼の行動もわからなくはない。ただ、このように直情的な動きをする者は公安には向いていない。

■「シックスセンス」的なもの

オカルトめいた話になって恐縮だが、私は自分に「シックスセンス的なもの」があると思っている。

初対面の人に会った瞬間、「頭の中に、その人の頭の中にある記憶が映像として自分の中に降りてくる（見える）」ことがあるのだ。他人にはなかなか理解してもらえない話だが。

たとえば、大学生の頃にこんなことがあった。

ある同級生の女性と対面するたびに、なぜか「草笛を吹いている教師」という映像が頭の中に浮かんでくるのだった。

そのことを彼女に話したら、彼女はハッとした表情になり、こう言った、

「それ、私の高校の時の先生よ。どうしてあなたが知ってるの？」

聞けば、彼女は高校時代に習った教師たちに対してほとんど何の感情も抱かなかったが、

世界史の授業の終わりに草笛を吹く中年教師だけは深く印象に残っていると話した。

交番勤務の時にはこんなこともあった。

私がある事件の容疑者の男を現行犯で逮捕した時のこと。男は幼い頃に父親が蒸発し、母親も亡くなっており、天涯孤独の身だった。しかし、私が男の取り調べに立ち合っている時、なぜか子供の頃と思《おぼ》しき男とその母親、そして青年の合わせて三人が一緒にいる映像が、頭の中に流れてきたのだ。

気になった私は男に訊いた。

「お前、兄ちゃんがいるだろ?」

男は一瞬目を丸くしたものの、「いや身寄りなんかない」と吐き捨てるように答えた。

しかし後日、別の捜査員が男を調べたところ、男には腹違いの兄がいることがわかったのだ。

また、他の者が担当している外国人被疑者を署内で目にした時のこと。突然彼が「バーで飲んでいる」映像が頭の中を流れてきた。

被疑者本人は「酒は飲まない」と言い張っている。しかし実際は私の映像通りで、彼は酒を飲むことが判明した。ささいなことかもしれないが、〝映像〟によって相手の嘘を見抜いた経験は何度も経験している。

日本では、こうした能力の存在を表にすると変人扱いされるのであまり口外はしていないが、アメリカのＣＩＡ（中央情報局）やＦＢＩ（連邦捜査局）などでは、捜査員の特殊能力が捜査の現場で積極的に活用されている。彼らの地位も確立されているのだ。

●公安あるある　その4　「家族へのカミングアウト」

実は結婚当初、妻に公安であることは伏せ、普通の警察官だと言い張っていた。

初めて公安であることをカミングアウトしたのは、外務省に出向して外国にある日本大使館に着任した時のこと。その理由は、他の外交官とはまったく違う動きをしている私のことを、妻が不審に感じたからだった。

ある日「あなた、本当の仕事は何なの？」と訊かれ、結婚十年目にようやく告白したのだ。

妻は家族の安全が脅かされると思い、非常に怖がった。「警備員とボディガードをつけるから」などと説明して、なんとか納得してもらった。

●公安あるある その5「マイホームへの嫌がらせ」

公安捜査員の自宅が監視対象者にバレてしまうことがある。そうなると、家族に嫌がらせをされることも起きてしまう。

たとえば、動物の死骸や汚物などが送り付けられてきたり、「妻や娘をレイプするぞ」などと脅迫されることもある。

脅迫してくる者はたいていが対象者なので、捜査や隠しカメラなどで証拠を集め、事件化して犯人を逮捕することになる。

こうした手間やリスクを避けるためにも、身バレや自宅バレは絶対に避けなければならない。そのためにも点検と消毒の技術を磨く必要がある。

●公安あるある　その6　「スマホはコードネームで登録」

公安捜査員同士が互いを本名で呼び合うことはない。同僚であっても素性を明かすことがないからだ。

では、どうやって認識しているのか？　それは、それぞれに付けられたコードネームによってである（そもそもお互いを呼び合うこと自体がないのであるが）。

携帯電話は私用のものと公用のものを二台使い分けており、公用スマホの連絡先は、他人が見てもわからないようすべてコードネームで登録されている。

ただごく稀にだが、酔っ払っている時に携帯がかかってくると、誰からの連絡かすぐにはわからない。「ファルコン」とか「アンクル」とか表示されてもねえ……。

第二部

外事課秘録

私の公安人生に転機が訪れたのは、入庁して十年が過ぎた頃だった。外務省に出向して、アフリカ某国の日本大使館に赴任せよとの辞令を受けたのだ。

現地に赴任すると、各国から来た外交官たちと顔を合わせる機会がたびたびあった。中には、普通の外交官ではなく諜報活動をする人たち――いわゆるスパイ――も相当数含まれていた。かくいう私も身分は大使館の「警備対策官兼領事」だったが、警察から派遣されてきた外交官なので、各国の諜報員たちから見れば日本の諜報員という位置づけをされていたのだろう。

三年後、私は警視庁に戻った。だが、こうして海の向こうで〝外交官デビュー〟をしてしまった以上、もう「秘匿捜査」の世界に戻ることはできない。なぜなら、各国の外交官や現地の在留邦人たちに〝面割れ〟(顔を知られること)してしまったからだ。

その結果、帰国した私が配属されたのが、警視庁公安部外事課の「公館連絡担当班」というセクション。第二部からは、ここが舞台になる。

読んで字のごとく、各国が東京に置いている公館(大使館、総領事館、政府代表部など）との連絡・調整にあたる――それが公館連絡担当班の主な任務だ。マスコミの人たちはここのことを「リエゾン班」と呼んだりする。このネーミングは「連絡将校」（リエゾン・オフィサー＝liaison officer）からきた造語なのだろう。連絡将校とは軍隊用語で、二つの組織を円滑に連携させるための架《か》け橋となる存在のことだから、似ていると言えなくもない。公館連絡担当班は、警視庁と日本に存在する百五十七の大使館を含む公館をつなぐ架け橋のようなものだ（以下、公館は大使館に代表させる）。

それにしても、東京には最重要な警備対象施設が数多く存在するのに、なぜ大使館にだけ専属のリエゾン班が必要なのだろうか。

それはやはり、言語も習慣も思想も異なるさまざまな国の人々と円滑に付き合っていくためには潤滑油となる存在が必要ということがまずある。

それともう一つ、大使館は警察にとって、ときには非常に厄介な相手にもなる存在だからだ。

異国に赴《おもむ》く外交官は「外交関係に関するウィーン条約」で定められた「外交特権」によって手厚く守られている。外交官の身体は不可侵で、接受国（受け入れた国）は外交官を逮捕することができない。本人が望まなければ証言を求めることもできないし、外交官を法廷で裁くこともできない。外交官は赴任地で罪を犯しても、そのまま立ち去ることができるのだ。もし、警察官が外交官に手錠をかけてしまったら、逆に相手国から厳重抗議を受けることになるのである。

また、この条約によって、接受国は各国の大使館と外交官を保護する義務を負わされている。つまり警視庁は大使館を守る義務を負っていることになるのだ。

国家間の緊張や対立が生じた時、大使館に群衆が押し寄せて抗議行動をするようなことがある。暴徒が大使館内になだれ込んで占拠したり、逆に大使館側が外の群衆に向かって発砲したりという事件が、海外では過去に起きている。そうした事態は国家間の亀裂を深め、深刻な国際問題を招くことになりかねない。

大使館が、警察にとって一筋縄ではいかない存在、扱い方を間違うととんでもないことになりかねない相手というのは、そういうところから来ている。それで、リエゾン班が必要とされたのだ。

第二部では、丸八年にわたった私のリエゾン・ポリスマン日記の中で、特に忘れがたい人物や出来事について述べてみたい。

ある時は、東京という見知らぬ土地で困った立場に置かれた外交官を救出する「お助けマン」となり、またある時は、私たちに迷惑をかける外交官やその家族をお叱りしたりもしてきた。

許されざる〝副業〟に精を出す外交官、腕利きのスパイと対峙《たいじ》したり、祖国から命からがら逃げてきた軍人の便宜を図ったりもした。

それらのエピソードは、小さな問題がやがて大きな国際問題へと発展していく前に、ボヤのうちに何とか消し止めた奮闘の記録とも言える。表には決して出てこない、私なりの外交の成果と自負している。

ただし、ここに取り上げる話の一部については、関係者や国の名誉のために人物・国名を伏せるほか、この職務の性質上、支障が出る恐れがある場合には、状況や設定を一部変更して紹介することをあらかじめお断りしておく。

外事課ファイル 01 コンタクト・ポイント

日本の首都・東京には、前述のように二〇二一年二月末現在で百五十七か国の大使館が存在する。国連加盟国数は百九十三。そのおよそ八割相当が東京に大使館を置いていることになる。この数の多さは世界の首都でもトップクラスだという。

そもそも大使館とは、どういう存在なのか。

大使館は国の外交交渉などを任された特命全権大使（大使）を駐在させる出先の役所である。通常は首都に置かれ、自国を代表して相手国政府との交渉や連絡を担うほか、自国民の保護、相手国の政治や経済などの情報収集、友好関係を発展させるための交流事業、自国を広く知ってもらうための広報活動、また、ビザの発給やパスポートの発行・更新といった領事サービスも行っている。

平たく言うと、大使館は私たちにとって、最も身近にある小さな外国のようなものだ。でも、近いようで遠い、近寄りがたい存在かもしれない。

リエゾン班に配属された私は、そんな心理的な距離を解消し、各国の大使と腹を割って話せるような関係を築きたい、そうした人脈がいつか必ず役に立つことがあるはずだと考えた。

そこで、時間の許すかぎり各国の大使館に足を運ぶことに決めた。すべての大使館に二十四時間いつでも対応してもらえるコンタクト・ポイント（連絡窓口役）を確保しようと考えたのである。

そう考えるきっかけとなったのは、二〇一一年の東日本大震災だった。首都圏でも大きな揺れがあったので、私たちの班で全大使館の安否を確認することにした。しかし、引き継がれていた緊急連絡先の電話番号に片っ端から電話をかけていっても、半数以上が「現在使われておりません」や別人使用の番号だった。

何年も前に誰かが各大使館の緊急連絡先を調べて一覧表にしたものが、そのまま更新されずに引き継がれていたらしい。

これでは不測の事態が起きても対応しようがないし、日常の連絡のためにも緊急連絡先を把握しておきたいところだ。

しかし、末端の外交官に大使館の緊急連絡窓口を決めてほしいとお願いしても、本国の外務省に聞いてみると言われてそのまま何か月も放置されるのが関の山だった。ところが大使と直接会って説明すると、ほんの五分で話が決まったりする。さすが「特命全権大使」というだけあって、その権限は絶大なのだ。

私はまず大使たちにこんなふうに持ちかけた。

「外交官のみなさんに、日本で安全に暮らすために知っておくべきことを私からレクチャーしてあげますよ。たとえば首都直下型の大地震が起きた時、外交官のみなさんはどこへ避難すべきか知っていますか？　日本では夜間に無灯火の自転車に乗っていると警察官に停止を求められますよ。知っていましたか？」

「知らなかった。そんなことが教えてもらえるなら是非お願いしたい」

ちょうど地震に対する関心が高まっていたこともあり、私のセキュリティ・ブリーフィング（安全講習）は好評で、各国の大使館に招かれるようになった。

多忙でなかなか面会できない大使もいたが、手っ取り早い方法が一つあった。各国の大使館が毎年開催するレセプションに出席するのだ。レセプションには主催の国と友好関係にある国々の大使や外交官たちが顔を揃えるので、この席でまだ面識のない大使をつかまえて名刺交換するか、既に面識のある大使に別の大使の紹介をお願いする。

「大使、是非一度、私のセキュリティ・ブリーフィングを聞いてください」と、その場で一部分だけでも聞かせると、興味を示さない大使は一人もいなかった。

大使と話し合う機会ができたら、大使館の安全のため、緊急連絡に対応できる窓口役を決めてほしいと要請する。こうして私の携帯電話には、各国大使館の緊急連絡先の番号が次々登録されていった。各大使館に最低二回線ずつ、夜間でも連絡のつくことを条件にした。中には大使が自分の寝室の直通電話番号を教えてくれた大使館もあった。その結果、私の携帯電話には昼夜を問わず、さまざまな国の外交官たちから電話がかかってくるようになった。

こうして私は八年かけて、各国の駐日大使や代理大使と面会したほか、年間百回以上にのぼる各国大使館主催のレセプションやパーティーにも出席して、色々な国の外交官たちとお付き合いをしてきた。最後に残ったある国の大使館と連絡先を更新したのは、班に着任してから二年半がたった頃だった。自慢話になってしまって恐縮だが、「ありえない快挙」と外務省からもお褒《ほ》めの言葉をいただき、部内で表彰されたりもした。

外事課ファイル 02 プロトコール・オフィス

コンタクト・ポイントは、外交官がトラブルを起こして警察官が出動したような時にも役に立つ。外交官が絡むトラブルで最も多いのは「ブループレート」と呼ばれる車の事故や交通法規違反だった。

ブループレートは青地に白の「外」か白地に青の「領」の文字があるナンバープレートで、日本に駐在する大使館員や領事館員の公用車や私用車に発行されている。

ちなみに、ブループレートというのは外事警察の関係者がよく使う言い方で、外事以外の警察官は「外《がい》ナンバー」「領事《りょうじ》ナンバー」のほうを使うことが多い。

私の在任当時、ブループレートの車が関係する交通事故は、平均して週に二、三件は起きていたと思う。もちろん交通法規をきちんと守る人のほうが圧倒的に多いのだが、一部の国の外交官の中には運転マナーがやや乱暴な人がいた。

しかも困ったことに、そういう外交官は事故を起こしても警察の事故処理に立ち合おうとせず、さっさとその場を立ち去ってしまうのだ。

「外交関係に関するウィーン条約」で、外交官の身体は「不可侵」と定められているので、警察官は立ち去ろうとする外交官を無理に引き止めることはできない。「待ってください」と口頭でお願いすることはできるが、身体に触れたりすれば条約違反になる。

外交官は条約により裁判も免除されるので、罪に問われることもないし、損害賠償を命じられることもない。極端な話、殺人を犯してもその場を立ち去ることができるのだ。

しかし、「人を殺しても罪を問われない」ということと「人を殺してもよい」は同義ではない。同じウィーン条約で「接受国の法令を尊重することは、特権及び免除を享有するすべての者の義務である」（第41条）と明記されている。つまり、外交官であっても人を殺してはいけないし、交通法規も守らねばならないのだ。事故を起こしたら相手を救護し、事故処理に協力して、被害者には賠償する義務があることに変わりはない。

だから、事故を起こして平然と立ち去る外交官たちは条約の趣旨を完全にはき違えている。この状況をなんとかするべきだと私は考えていた。

深夜の東京都港区。一台の乗用車が交差点で停止した前の車に追突した。運転していた男は車を降りると、事故の相手のドライバーと少しだけ話をしたが、相手が携帯電話で一一〇番している間に車に戻ると、そのまま走り去ってしまった。

「おい、待てよ！」ぶつけられたドライバーはしばらく後を追い、逃げた車のナンバーを確認して警察に知らせた。それがブループレートの「外」ナンバーだった。

所轄の警察署の警察官が現場に急行した。ぶつけられた人の話によると、逃げた男はアジア系の外国人で、息が少し酒臭かったという。

車のナンバーから所有者はすぐに判明した。登録されていたのは旧ソ連から独立した某国の大使館に勤務する一等書記官だった。

一等書記官の自宅近くの駐車場で「外」ナンバーの車が見つかった。警察官が車体を調べたところ、バンパーが潰れて前照灯も片方壊れ、複数回衝突した痕《あと》があった。

ということは、一等書記官が車で帰宅する途中で事故を繰り返し、そのまま自宅近くの契約駐車場に車を置いた後、家に帰ってしまったと考えられる。

私のもとに事故の一報がきたのは日付が変わる頃だった。

外交官絡みの事件や事故、その他、警察官が取り扱う外交官関係の案件はすべて、現場から速やかに公安部の私たちの班に報告されることになっている。それだけ外交官案件は取り扱いが難しいということだ。

連絡を受けた公安部の当直経由で、現場の状況が私に伝えられた。

現時点でけが人は出ていないようだが、交通事故の場合、むち打ちなどの症状は時間差で現れることもある。にもかかわらず、運転していた男は現場にとどまらず、途中で駐車中の別の車に接触するところも目撃されているという。

外交官でなければただちに警察官が家に出向いてアルコール検知を行い、その場で逮捕してもおかしくないケースだろう。

しかし、外交官の自宅もウィーン条約により「不可侵」なので警察官は許可なく立ち入ることができない。アルコール検知を要請する場合も、きちんと承諾を得てからやらないと後で外交問題に発展しかねない。外交官の車もやはり「不可侵」なので、車体の外側にある痕跡《こんせき》を撮影するくらいが許される範囲内だろう。

私は現場の警察官と直接通話し、実況見分や周囲の防犯カメラ映像の収集などにあたるよう指示した。交通事故調査は本来、被害者と加害者双方の話を聴いて行うものだが、このケースは加害者の聴取を後回しにするしかない。

この国の大使館のコンタクト・ポイントは、領事を務めるベテランの外交官だった。

まだ夜明け前の時刻、事故の状況が概《おおむ》ね把握できたところで、領事に電話して状況を説明した。

「領事、これは重大な法令違反ですよ。一等書記官が車を運転していたのなら、われわれの捜査に応じてくれないと、こちらは大使館に対して正式に出頭要請をすることになります。その場合、最終的には外務省のプロトコール・オフィスにも報告がいくことになるでしょう」

「わかりました。本人と話してみます」

「お願いします。このまま放っておくと被害者も黙っていないでしょう。きちんと謝罪して損害を賠償しておかないと、マスコミに報道されて大事になるかもしれませんよ」

「なんとか大騒ぎにならないようにしたい。マスコミに出ないようにできますか」と領事は心配そうに言った。

プロトコール・オフィスとは、外務省大臣官房の儀典官室という部署の英語名だ。日本に駐在する外交官たちはこの名前を聞くと緊張する。

儀典官室は外交上の儀礼などを統括する部署だが、在日外国公館の接受も担当しており、各国の公館のいわばお目付け役のような存在でもある。

たとえば不祥事を起こした外交官がいた場合、儀典官室がその国の大使館の責任者を呼んで事情聴取することもある。

接受国は外交官を逮捕できない代わりに、ＰＮＧという切り札を与えられている。ＰＮＧは「Persona non grata ＝ペルソナ・ノン・グラータ」（好ましからざる人物）の略。サッカーのレッドカードのようなもので、「あなたは外交官として好ましくないので、この国から退去してください」と通告するものだ。通常は四十八時間の期限を切り、これを過ぎると日本政府が発行した外交官等身分証明票を無効にすると通告する。無効になると外交特権は消滅するので、ＰＮＧを突き付けられた外交官は四十八時間以内に出国しないと逮捕されることになるわけだ。

ただし、日本政府がこれまでＰＮＧを発動した例はたった四件しかなく、いわば滅多に抜かない伝家の宝刀のようなものだ。通常はその前段の措置として、まず儀典官室が大使館の責任者から聴き取りをした上で、日本国の外務大臣が相手国に対して抗議するなどの措置がとられる。これはいわばレッドカードの前のイエローカードみたいなものだ。

相手国政府から抗議を受けるというのは、どこの国の大使にとっても経歴の傷にもなるので、絶対に避けたい事態である。だから、そうなる前に不祥事を起こした外交官は任を解かれて本国に帰還を命じられることになる。

というわけで、「プロトコール・オフィス」という言葉は外交官に対して水戸黄門の印籠のような効果を発揮するわけだ。


出勤すると、さっそく領事から電話が来た。普段通り大使館に出勤してきた一等書記官を問いただしたところ、事故を起こしたことを認めたという。「本人はとても反省しています、与えた損害は退職金を前借してでも全額弁償すると言っています」と領事は言った。

ただし、一つお願いがあるという。

「本人は、このような不始末をしたことを大使に知られたら自分はおしまいだと恐れています。なんとか大使に知られないようにできませんか」

大使に知らせるかどうかはこちらの関知するところではないので、「それは構わない」と答えた。

折衝を重ねた結果、大使が出張で不在となる日に、管轄署交通課の警察官が大使館に出向いて事情聴取を行うことになった。

その前に、私も大使館に出向いて領事や一等書記官と会っておくことにした。

事故の三日後、大使館の会議室で対面した一等書記官は、四十代の前半ぐらいで、流暢《りゅうちょう》な日本語を話し、身なりも立ち居振る舞いもいかにもエリート然とした男だった。

その後の管轄署の調べで、一等書記官は事故の夜、追突した車を含めて三台の車に当て逃げしていたことが判明した。さらに、同じ夜に隣接する署の管内でも複数の当て逃げ事故が起きており、一等書記官が当該管轄署管内に入る前にそちらでも当て逃げを繰り返していた疑いが出てきていた。

管轄署交通課による一等書記官の事情聴取には私も同席した。

職業外交官のスキルというべきなのか、一等書記官は警察官と向かい合うと、余計なことを一切口にせず、質問に対して簡潔に淡々と答える姿勢に終始した。

まず管轄署内の三件の事故については事務的な口調で事実を認め、被害者に対して任意保険で賠償する意思を示した。

「こんな運転しちゃうっていうことは、お酒でも飲んでたんですか」と、警察官はさりげない感じで質問したが、一等書記官は表情を変えず、否定も肯定もしなかった。言質《げんち》を与えないつもりなのだろう。

最終的に一等書記官は全部で五、六件の物損事故について責任を認め、保険会社を入れて全額賠償したそうだ。私はその後、大使館のレセプションなどで一等書記官と何度か顔を合わせたが、向こうはバツが悪そうにいつも私を避けるだけだった。

＊

傲慢《ごうまん》な外交官はほかにもいた。

当て逃げをした一等書記官の国の隣国、同じ旧ソ連から独立した某国の外交官は、白昼、東京都目黒区内の幹線道路で車同士の物損事故を起こした。

近くの交番から警察官がすぐ駆けつけた。この外交官は日本語がほとんど話せない様子だったので、警察官は警視庁の通訳センターに連絡し、電話によるリモート通訳で事故処理を開始した。ブループレートの車であるため、まず運転免許証と外交官身分証明票を確認すると、外交官は「私がここにいる必要はないはずだ」と言って車に戻ろうとした。

「待ってください。外交官であっても事故の当事者なので協力をしていただく必要があります」

しかし外交官は耳を貸さず、車に乗り込んで走り去った。

管轄署から報告を受け、これは放置できないと私は思った。

現場の制服警察官の対応は百点満点といってよかった。外交官に対して言うべきことはちゃんと言い、やってはならないことはやっていない。ここから先は公館連絡担当班が大使館側と折衝する必要がある。

例によってまず、相手国の大使館のコンタクト・ポイントである領事に電話した。領事はすぐに本人と話し合ってくれたが、本人は捜査に応じないと言っているという回答だった。そういうことなら仕方がない。私は大使館の代表番号に電話をかけ直した。

「警視庁の大使館担当です。大使に緊急の用件でお会いしたい。緊急ですよ。このまま放置すると大変なことになる事案だとお伝えください」

大使に話を持っていくと領事の顔を潰すことになるかもしれないのが気になったが、この場合は仕方がないと割り切った。大使の秘書から折り返しの電話ですぐ来てほしいと言ってきた。

「大使、とても困った問題が起きました」

私は大使に事の経緯を説明した。この国の人たちは日本人と顔立ちが似ているが、大使は小柄で小太り、なんとなくギャング映画に出てくる悪役のような風貌の男だった。苦虫を噛み潰したような顔で私の説明を聞き終えると、事故について自分はまったく報告を受けていなかったと言い、即座に卓上の電話を取って問題の外交官を呼びつけた。

本人が来ると、私の目の前で詰問《きつもん》し始めた。自国語なので私には意味不明だったが、ひたすらうなだれている外交官の様子を見れば、相当厳しい説教を食らっているのはよくわかった。

「この男には、事故の当事者としてきちんと警察に協力させます。事故の賠償もきちんとやらせます。それでいいですね」と大使は私に向き直って言った。

この外交官は後日、所轄署に連絡して調査に協力し、任意保険で相手に賠償した。

外事課ファイル03 外交行嚢

外交官は赴任地で副収入を得ることを禁じられている。「外交関係に関するウィーン条約」で、「個人的な利得を目的とするいかなる職業活動又は商業活動をも行つてはならない」と定められているのだ。

考えてみるとこれは当然のことだ。外交特権によって殺人を犯しても逮捕されず、裁判を受けなくてよく、税金も払わなくていいという人たちに商売されてしまったら、一般の国民はたまったものではない。極端な話、非合法なビジネスを盛大にやられても当局は取り締まれないのだ。

でも、考えてみてほしい。たとえばとても貧しい国の外交官が、自国よりはるかに豊かで物価の高い国に赴任した場合、自国からもらう給料だけで暮らしていけるだろうか。外交官という職業はどこの国でもエリートで高収入かもしれないが、給与水準や生活費の水準は国によってまちまちなのだ。

その点、日本の外交官は心配いらないだろう。日本の給与水準は高いので、どこの国に赴任しても困窮することはないはずだ。

では、日本にやってくる外交官はどうだろう。それぞれの国が自国より生活費水準の高い国に赴任する外交官には給料のほかに何らかの加算金を支給しているはずだが、それだけの財源がない国もあるにちがいない。

たとえばハイパーインフレが起きたジンバブエ、財政破綻によってデフォルト（債務不履行）を起こしたギリシャ、アルゼンチンのような国では、過去に公務員への給与の支給が一時的にストップしたことがあった。この三つの国がそうだと言うのではないが、アジア、アフリカの最貧国といわれるような国の中には、日本に来る外交官に十分な生活費を支給しているとは考えにくい国もある。

それらの国の外交官たちは日本にいる間、なにかサイドビジネスでもやらないと生活していけない、というのが現実のようだ。つまり国が外交官に「自分の食い扶持《ぶち》は自分で稼げ」と、副業をさせているようなものなのだ。

その最たる国が北朝鮮だろう。日本は北朝鮮と国交がないので日本に北朝鮮の大使館は存在しないが、私が以前赴任したアフリカ某国には北朝鮮の大使館があった。

現地では、ワシントン条約で国際取引が禁じられているサイの角や象牙などを北朝鮮の外交官が買い集め、外交特権を使って密輸しているというのは有名な話だった。過去に、ジンバブエと南アフリカ共和国がサイの角を密輸したとして北朝鮮の外交官を国外退去処分にしている。

北朝鮮の外交官が扱うのはサイの角や象牙だけではない。南米、東南アジア、ヨーロッパなど大使館のあるさまざまな国を拠点に密輸ビジネスを展開している。扱う品目は、麻薬、拳銃などの禁制品から酒、タバコ、食材、日用品にいたるまで非常に幅広く、儲けた金は外交官が自分の生活費に充てたり平壌に送金したりしているという。

なぜ外交官が密輸に手を染めるのかというと、「外交関係に関するウィーン条約」で与えられた特権を使えば何でもほぼノーチェックで国外に持ち出せるからだ。

各国の在外公館(大使館、総領事館)は本国との間で、外交行嚢《こうのう》(通称・外交パウチ)と呼ばれる入れ物を航空便や船便で毎日のように送ったり送られたりしている。これは本来、外交上の機密文書や外交活動に必要な物品を運ぶための輸送手段だが、中に何が入っているかはわからない。外交使節団の通信の自由を保護するため、所有国以外の人間は誰もこれを開けたり留め置いたりしてはならないと定められている(「外交関係に関するウイーン条約」第二十七条）からだ。

つまり、一度封印してしまえば空港の保安検査や税関検査で開けられる心配はほとんどないのだから、密輸の手段としてこれ以上便利なものはないだろう。

外交行囊を使った密輸は、北朝鮮だけの専売特許というわけではなく、古くから世界のあちこちで外交行囊による密輸事件が暴かれてきた。つまり密輸の古典的手口といえるだろう。しかも、暴かれたのは氷山の一角にすぎないはずだ。日本の空港や港で現在も、私たちが気づかないだけで外交行囊を使った禁制品の密輸は繰り返されている可能性がある。

たとえばこんなケースがあった。わかりやすくするため、実際に起きた事件の状況を単純化して説明する。

北関東のある県で、アジア某国出身の在日外国人たちが中古車部品の輸出・販売業を営んでいた。敷地を塀で囲い、中古車を買ってきてはこの中で解体して、高価なパーツを本国に輸出したりするのだが、その中にときどき盗難車の部品を入れていた。

これを普通に輸出すれば関税がかかる。しかし、日本にいる自国の外交官と手を組んで、外交行囊として送ってもらえば無税だし、荷のチェックを受ける必要もなくなる。その外交官は、業者から指定された荷を外交行嚢として手続きするだけで謝礼金がもらえたわけだ。

この密輸が発覚したのは、荷の送り先の国の警察のおかげだった。この国では自国産業保護のため外国車の輸入が規制されており、複数の日本車の部品を使って違法に組み立てられた車が、たまたま現地警察の取り締まりで引っかかったのだ。現地警察が車の部品の入手ルートを一つひとつたどったところ、日本の横浜港から船便で送りだされた外交行嚢に入っていたことが判明した。現地から情報が伝えられ、日本の某県警が真の荷主を追跡していき、中古車解体工場（ヤード）にたどりつく。こうして在日外国人による盗難車ビジネスは摘発されたわけだ。外交行嚢が悪用されていたことについては、警察庁から外務省に報告され、外務省が問題の外交官のいる大使館のナンバー2を呼んで事情聴取した。

このケースについて考える時、恐ろしくなるのは、たまたま現地で車が摘発されなかったらこの密輸は発覚しなかったということだ。ということは、これと同じような密輸が今も日常的に繰り返されている可能性が否定できないのだ。

外交行嚢は開封厳禁だとはいっても、中に違法なものが入っていると疑うべき根拠がある場合は、所有国の外交官の立ち合いのもとで中を調べることが国際的に認められている。たとえば空港で麻薬探知犬が外交行嚢に向かって吠えたとか、金属探知機に不審な反応があったとか、何らかの情報（タレコミ）があったといった場合、所有国の大使館から担当者を呼んで荷を開けさせることになる。こうして密輸が水際で阻止されたケースも確かにあるのだが、それらはレアケースというべきだろう。外交行嚢のサイズや形状に規格はないので、コンテナ一台を外交行嚢とすることもできるのだから、通常はなかなか見抜かれないはずだ。

第二次世界大戦中、英国のチャーチル首相が好んで吸ったキューバ産の葉巻は産地から外交行嚢で運んでもらっていたというのは有名な話だが、現代も外交行嚢は〝ちょっとした抜け穴〟として利用されているようだ。

アフリカの国々の在日大使館が合同で開くレセプションに招かれた時のことだ。参加した三十数か国が自慢の郷土料理を持ち寄って来場者にふるまい、会場はエスニックな空気に包まれた。

西アフリカのある国の大使が私を見つけて「うちの料理はもう食べたか?」としきりに

聞いてきた。それは真っ黒い肉をグツグツ煮込んだ見たこともない鍋料理で、ツンとくる一種独特の匂いが漂っていた。

「大使、これは何の肉ですか？」

食べてみた感じ、牛ではないし、鶏でもない。彼らはイスラム教徒なので豚はありえない。

「これは、実は日本では食べるのがとても難しい肉なんだ」と大使は自慢げに言った。

「私には特別なルートがあって、大量に手に入るから、日本にいる同郷人たちのコミュニティには大いに喜ばれていてね」

そもそも日本への肉製品の持ち込み自体が原則禁止なのだが、「特別なルート」とは一体何なのだろう。私にはやはり外交行嚢を使って持ち込んでいる以外に方法は思いつかなかったが、その場で無用な詮索《せんさく》はやめておくことにした。

外事課ファイル 04 大使館カジノ

裕福とはいえない国から来た外交官の中には、日本にいる間に何か〝内職〟をして金儲けをしようと目論《もくろ》んでいる者もいる。大使はどこの国でもエリートで、国に帰ってからの年金や叙勲のことも考えるから、下に対して厳しく目を光らせる。

しかし、大使が帰国して一、二年も後任が来ず、大使不在のままになっている大使館もある。そういう国の外交官が違法行為に手を染めてしまったケースも過去にあった。

もちろん違法行為に走るのは、ほんの一握りの外交官だけだが、そうした事件の背後には、外交特権に目を付けた暴力団の存在が見え隠れすることもある。

二〇一三年秋、在日ルーマニア大使館で開かれたナショナル・デーのレセプションに出席した際のことだ。歓談の会話が弾んでいた時、私のところにツカツカと歩み寄ってくる男性がいた。

欧州アドリア海沿岸の某国の駐日大使だった。

「ミスター・カツマル！」と、ものすごい剣幕で詰め寄ってくる。

「新聞社に情報を売ったのは君だろう。なんで私に先に言ってくれなかったのだ。おかげで私たちの名誉は地に堕《お》ちたぞ！」

大使は私の鼻先に人差し指を突きつけてきた。

「大使、あなたは誤解しているようだ。私は新聞社になどまったく関係はありませんよ」

私はまだ事情がよく呑み込めないまま、とにかく身の潔白を訴えた。後日改めて大使館に説明に出向くことを約束して、その場はなんとか収めることができた。

大使が問題にしたのは、その半年ほど前に日本の新聞に載った一本のスクープ記事だった。

「大使館カジノの闇　一等書記官名義の一室　実態はバカラ部屋　内偵中　突然の閉鎖」

――こんな大見出しで、ある国の大使館に勤めている一等書記官が賃借した東京都港区赤坂のマンションの一室で、違法なバカラ賭博が開帳されていたと伝えた記事だった。記者が潜入した際の内部の様子なども書かれており、このカジノを摘発するため警視庁生活安全部保安課が内偵捜査を進めていたところ、カジノは突如閉鎖されたと伝えていた。

この記事は国名を伏せていたが、大使は最近になってこの記事に出ているのが自分の大使館の一等書記官のことだったと知って仰天したそうだ。いかにも警察から情報を得て書いているという書き方だったので、私のことを疑ったようだ。大使の知っている日本の警察官といえば私しかいなかったのだろう。

後日、大使館を訪ねると、大使は机の上に日本の外務省や新聞社に送りつけた抗議文書を並べて、これを読めと私に言った。新聞社がこの件について大使館には一度も取材を申し込まないまま記事を書いたのは「卑劣なやり口だ」とひどく憤慨していた。

私はその記事と無関係だし、賭博事件を捜査する保安課とはセクションが違うので内偵捜査のことも知らなかった。説明すると、大使はようやく理解してくれた。瞬間湯沸かし器のようなところもあるが、普段は紳士で理知的な人なのだ。

問題の一等書記官は、この時点ですでに大使館にはいなかった。大使によると、ある日突然、退職を申し出て国に帰ってしまったという。恐らく日本の新聞にカジノのことがすっぱ抜かれたため、大使や本国の外務省に自分の関与が知られる前に退職金を受け取ってしまおうとすぐ職を辞したと思われる。

欧州でも最貧国といわれる小国のことだ。大使館といっても外交官は大使と一等書記官の二人だけしかいない小所帯だった。大使は部下の一等書記官がしでかした不始末に腹を立てつつ、自分も関与していたのではないかと疑われるのを警戒して、外務省にまで仰々しい抗議文書を送りつけたのではないかと思われる。

ところで私は、大使には保安課の内偵のことを知らなかったと説明してしまったが、実際は知っていた。問題の赤坂のマンションの一室が外交特権の適用される「不可侵」な場所なのかどうか確かめてほしいと保安課から照会されて、現場のマンションを見に行ったことがあったのだ。

その部屋のドアの横には「〇〇大使館」と国名を書いたプレートが掲げられていた。ここは夜になると、金回りのいい台湾人や香港人、日本人などが集まって高額の賭博をしているということだった。記事は一等書記官がこの部屋の名義人だと書いていたが、保安課が調べたところ、実際の賃貸契約者は日本人だった。ただし一等書記官はこの部屋をよく訪れ、胴元のように場を取り仕切る様子も見られたという。

前述の「外交関係に関するウィーン条約」で、大使館や大使公邸、外交官の住居として認められた敷地は「不可侵権」を持つと定められ、「捜索、徴発、差押え又は強制執行を免除される」（第22条）と規定されている。

こうした不可侵権を持つ物件についてはすべて、外務省が各国の大使館から申請を受けて承認済み物件のリストを作っており、これに載っている場所であれば警察は踏み込むことができないのだ。

調べたところ、この部屋はもちろん大使館ではなかったし、一等書記官の自宅でもなかった。

つまり、警察が踏み込んで捜索を行うことが可能な場所だった。

入口に掲げられたプレートは、いわばまやかしの魔除《まよ》けの札のようなもので、これを貼っておけば警察も簡単には踏み込めないだろうと考えたのかもしれない。だが、大使館ではない場所に大使館の看板を出す行為も条約に抵触する違反行為なのだ。

「外務省に確認しましたが、やはりあの部屋は外交施設として承認された場所ではありませんでした。つまり、あそこはガサ（家宅捜索）が可能です」

私は保安課の担当者たちに説明した。

あわせて、家宅捜索に踏み込む際の注意事項についてレクチャーした。

「踏み込んだ際、現場に一等書記官がいた場合は、彼の体に触らないよう注意してください。もしも一等書記官がその場を立ち去りたいと希望したら、捜索に立ち会うよう求めることはできますが、腕をつかんだりして動くなと命じることはできません。それをやったら条約違反になります。あくまでここに留まってくれと説得を試みるだけにしてください。もう一つ注意が必要なのは、所持品の扱いです。バッグなどを押収する前に、一等書記官に『あなたの所持品はどれですか』と確認してください。一等書記官のバッグは押収できないし、開けて中を見てもいけません。逆に言うと、外交官の持ち物でなければ、すべて押収可能だということです……」

このように外交官の扱い方についてレクチャーするのも私の役目なのだ。

こうして保安課は強制捜査に向けて着々と準備を進めていたが、前述したように、刑事たちが踏み込む前にカジノは突然閉鎖され、捜査は水の泡となった。

カジノの噂がかなり広がっていたらしく、相手は警戒して急きょ閉鎖したのだろう。

カジノが閉められる前、部屋に入っていく新聞記者の姿を見ていた張り込みの捜査員は、「取材のつもりなんだろうけど、あんな動きをされては捜査妨害だ。あの記者が中に入ったタイミングでガサをかけてやりたいよ」と苦々しげに話していた。

このような〝大使館カジノ〟の事例は、このケースより十年ほど前から散見されるようになっていた。いずれも中央アジア、アフリカなどのあまり裕福とはいえない国の外交官が絡んでいた。

外交特権という強力な〝魔除け〟に目をつけた日本の暴力団が、そうした国の外交官たちに近づいて、千万円単位の謝礼金をエサにして賭博の場所を提供させる——そんな図式が毎回繰り返された。謝礼金に目が眩《くら》んだこともあるが、特に、カジノが合法化されている国の外交官は賭博行為にあまり抵抗を感じないのかもしれない。

赤坂のマンションのケースのように摘発できなかったケースもあれば、警視庁が摘発に成功したケースもある。

二〇〇五年に、東京・南麻布のビルの一室にあった闇カジノが警視庁に摘発された。この部屋はコートジボワール大使館の外交官が、自分の名義で賃借して暴力団に提供していたものだった。外務省はこの外交官にＰＮＧ（ペルソナ・ノン・グラータ）を通告して、

＊

外交官は出国した。しかし、四年後に再来日した。この時、外交特権はすでに消滅していたので、警視庁に逮捕されている。

二〇一四年には、ガーナ大使が自分の名義で賃借した東京都渋谷区と福岡県福岡市の部屋で賭博が行われていることがわかり、警視庁に摘発されている。大使自身はカジノに姿を見せておらず、単に部屋の賃貸契約に名義を貸していただけのようだった。こちらも部屋に「ガーナ大使館」と偽りの看板が掲げられていた。

ガーナ大使は警察の手入れがあったと知るや、勤めを放り出して出国した。ちょうどアメリカのオバマ大統領（当時）が来日して首都が厳戒下に置かれた最中、ガーナ大使は荷物を取るためこっそり日本に戻ってきて、またすぐ逃げ帰っていった。

そのまま日本に残っていたら、九年前のコートジボワールの外交官の二の舞で、ＰＮＧ通告を食らうかもしれないと恐れたのだろう。それからしばらくガーナ大使館は大使不在の状態が続き、やっと着任した後任の大使は「ガーナの名誉を回復するのが私の務めだ」と話していた。

これらのケースはどれもすべて、実際は外交特権が及ばないビルの一室などをカジノにしていたケースだったが、もっと大胆不敵なケースもあった。中央アジア某国の駐日大使館は、なんと大使館の敷地でカジノを開いていたのだ。

その大使館は当時、東京・西麻布にあった。ある日、私が公館連絡の仕事でこの大使館を訪問した後、自席に戻ってくると、同じ警視庁の二つの部署から代わる代わる話を聞きたいと言ってきた。一つは賭博犯罪を担当する生活安全部保安課で、もう一つは暴力団捜査を担当する組織犯罪対策部（組対部）組対四課だった。

この二つに所轄警察署を加えた三つの部署が、それぞれ別々のルートから大使館内の闇カジノにたどり着き、三つ巴《どもえ》で競うように内偵捜査を続けていた。

「内部の構造はどうなっていますか？」

「館内に何人いますか？」

刑事たちは中の様子をくわしく知りたがった。

大使館の敷地には本館と別館の二つの建物があり、別館と称する二階建ての一軒家が夜になるとカジノに早変わりしていたそうだ。夕刻になると大使館職員の外国人が見張りに立ち、周囲に目を配りながら客を中に通していた。

保安課も組対四課も、最大の関心事はこの建物に「不可侵権」があるのかどうかだった。

外務省に確認したところ、この別館の場所はやはり大使館として承認された敷地に含まれており、そこはまさに不可侵だった。

「残念ながら、あそこはガサできません。大使館の敷地内なので、踏み込めば条約違反になりますし、まずガサの令状がおりないでしょう」と、私は担当の刑事たちに説明した。

「でも……何か方法はないでしょうか」

「できないという回答しかないですよ。私もとても残念です」

こうして強制捜査は外交特権の壁に阻まれた。目の前で違法行為が堂々と繰り返されているのに、まったく手出しできないというのは警察官にとって悪夢のような状況だ。刑事たちにできるのは、中から出てくる人を参考人として任意同行させて追及することぐらいだが、証拠を何一つ得られないまま追及したところで犯罪の立証などとても無理だろう。

ところがその矢先、事態は思わぬ展開をたどった。

ある写真週刊誌が、この大使館カジノのことを隠し撮りした写真つきですっぱ抜いたのだ。外務省儀典官室がこの記事に反応して、大使を事情聴取のため呼び出した。

大使が外務省にどのような説明をしたのかは知る由もないが、自らの身の潔白を訴えたにちがいない。私たちは状況から見て大使がカジノのことを知らなかったはずがないと考えていた。だが、もし大使がそれを認めてしまったら、外務省からただちに国外退去を求められたはずだ。大使はその後も在任し続けた。

その数か月後、この国の大使館は突如、移転した。新しい大使館は東京都渋谷区の高級住宅街にある小さな一軒家で、前の大使館に比べるとかなり手狭なうえに家賃が高いという、とても賢明とは思えない選択だった。

大使は私に「ちょうど契約更新のタイミングだったから引っ越した」と言葉少なに説明し、それ以上は何も語ろうとしなかった。新しい大使館でカジノ賭博が行われたという話はさすがに聞こえてこなかった。

外事課ファイル 05 プルーフ・オブ・ライフ

ある年の秋、出先にいた私の携帯電話にA国の大使館から「至急連絡が欲しい」とのメッセージが入った。私の留守席にも同じ電話があり、用件は私に直接話すと相手は言ったそうだ。ということは、何か機密を要する用件ということだ。私は少し緊張して電話のボタンを押した。

相手はA国大使館の警備を統括する職員だった。「本日、中東某国の男性が当大使館を訪れ、当国への亡命を希望した。こちらが本国と対応を協議し、受け入れを拒否すると男性に伝えたところ、男性は館内に居座って退去を拒み続けている」という。

退去を拒む行為は日本の刑法の不退去罪にあたる。大使館内は「外交関係に関するウィーン条約」により不可侵だが、大使の同意があれば館内の違法行為を取り締まることができる。このような場合、警察官が行って居座る男を摘まみだせば済むことだが、相手が亡命を図った人物となると話は違ってくる。

祖国を捨てた亡命者は、裏切り者として祖国から命を狙われることもある。また、政治亡命の受け入れは国家間の軋轢《あつれき》を生み、とても微妙な問題をはらむので、亡命事案は現場の判断だけで取り扱うべきではない。警視庁では、亡命絡みの事案は原則としてすべてトップの警視総監にまで報告を上げねばならないとされている。

私は直属上司の課長に事態を報告したうえで、A国大使館を管轄する警察署員らと現地で落ち合う手はずを整え、大使館に急行した。

私が大使館正門の受付を通ったのは、もう暮色が広がり始めた時刻だった。管轄署も事態を重視して、警備課長以下十数人が私に同行した。ビザ発給の窓口などがある領事部に向かうと、外来者たちはほとんど帰ったらしく、中は閑散としていた。

その男は、薄暗い部屋の片隅で、外来者用の椅子に座っていた。四十代から五十代、黒っぽいスーツを着たビジネスマン風の中東系の男だった。暴れたり、椅子にしがみついたりするでもなく、ただじっとそこに座り続けていたようだ。大使館側も手荒なことはしたくないので私たちを呼んだのだろう。

私は英語で話しかけた。

「われわれは日本の警察官です。あなたがここにいる行為は日本の法律で犯罪になりますよ」

男は返事をしなかった。何を言ってもあまり反応がないので、最初は英語がわからないのかと思ったほどだった。身元確認は外に出てから行うことにして、まず所持品を検査することにした。凶器などを所持していたら、こちらが危険にさらされるかもしれないし、また、その場で自害するかもしれないからだ。

「体に触りますよ」

鞄の中も調べたが、凶器となるものはなかった。その後大使館近くにある交番に連れていった。

男は中東某国が発給した公用旅券を所持していた。身分は外交官ではなく、国軍の大佐だった。政府の公用で入国した高位の軍人とわかり、これはただごとではないと私たちは感じた。

大佐の国ではこの年の夏から、激しい弾圧の嵐が吹き荒れていた。

数百人が命を落とすクーデター未遂事件があり、政府は鎮圧後、クーデターの首謀者たちが師と仰ぐA国在住の宗教指導者バラン師（仮名）が事件の背後にいると断定して、バラン師の支持者の一掃に乗り出していた。バラン派はこの国のあらゆる政府機関にいるとされ、役人や教師、弁護士、裁判官、警察官、軍人らが次々と身柄を拘束《こうそく》されていった。

後の報道によると、それからの約四年間で計十万人近くが逮捕され、うち数百人が死刑や終身刑を言い渡された。解雇された政府機関職員は約十五万人にのぼったという。

亡命を図った大佐も、バラン師の支持者であることは容易に察しがついた。

その警察署には、公安の捜査員が使う目立たない取調室があった。刑事課や少年係の取調室には看板があるが、公安の取調室に看板はなく、廊下に掲げられた案内図にも「公安」の二文字はない。それだけ公安の捜査は秘匿性が重んじられるのだ。

私はこの取調室に大佐の身柄を移して、事情聴取を開始した。

「私は駐在武官の経験があり、軍でインテリジェンス（諜報）関係の仕事をしてきました」

大佐は少しずつ語り始めた。

「各国の大使館に派遣されている駐在武官からの報告を読む立場でした。日本からの報告にも目を通していました」

やはりな、と私は思った。駐在武官として国外の大使館に赴任した経験がある高位の軍人ということは、諜報関係のセクションにいる人間だろうと推測していた。

「私もいわゆるインテリジェンス関係の職務に携わる者です。海外の大使館に赴任した経験もあります」と私は自己紹介した。

「あなたが今、極めて危険な立場にあることは私もよく理解しているつもりです。だから正直に事情を話してほしい。あなたにとって不利なことを、あなたの国の大使館に言うつもりはありません。それは約束します」

大佐の警戒心を解くために、同席していた署員と通訳には退席してもらい、一対一の対話に切り換えた。A国大使館が不退去罪の被害届を出すつもりはないことは確認できていたので、大佐はもう「被疑者」として扱う必要はなくなっていた。ここから先は、人道的見地からの事情聴取だった。

「あんな行動に出てしまった以上、もう隠せないことなのでしょう……」と大佐は腹を決めたように言った。

「私はバラン師のサポーターです。現時点ではまだ当局に知られていないと思いますが、いずれ発覚するのは時間の問題だったでしょう。遅かれ早かれ、すべてが終わりになったと思います。だから私は、バラン師のいるA国に亡命を求めたのです。故国に残してきた家族のことは心配ですが、私がいてもいなくても降りかかるものは恐らく同じだったでしょう」

大佐の表情は苦悶《くもん》に満ちていた。苛烈を極めるバラン派狩りの現状を見れば、自分に下される処分は、ただ職を失うだけといったレベルではすまないはずだと彼は予測していたようだ。

「もっと計画的に事を進めるべきだった」と大佐はしきりに悔いた。

バラン師に少しでも連なると疑われた者はことごとく逮捕されていく状況下で、大佐は情報漏れを恐れて他人に相談せず、たった一人で行動を起こしたのだった。諜報活動に携わる自分ならA国は受け入れてくれるにちがいないと踏んだのだろう。


だが、彼の思惑に反してA国政府は、バラン派の亡命受け入れに慎重にならざるをえない事情を抱えていた。A国が保護下に置いているバラン師の存在は、A国にとって重荷となっており、そこへさらに数万にのぼるバラン派の人々を受け入れ始めたら、泥沼にはまりこむことになりかねなかった。後で冷静に考えれば、A国大使館に駆け込むという大佐の決断はやはり無謀すぎたのだ。

私は大佐の身柄をどうするか思案した。このまま身柄を解放するという選択肢はあり得なかった。命の危険がある以上、保護しなければならない。私は上司に経過を報告し、シェルター（避難所）を手配することにした。

亡命者が暗殺や拉致などの襲撃を受けた事件は、欧米を中心に枚挙にいとまがないほど起きている。近年では二〇一八年三月、英国で亡命者として暮らしていた元ロシアの二重スパイとその娘が強毒の神経剤「ノビチョク」で襲われ、意識不明に陥った事件が記憶に新しい。

日本は安全と思われがちだが、そうとは限らない。二〇一九年七月、日本に住むタイからの亡命者の男性が自宅で何者かに襲われる事件が起きている。報道によると、襲われた男性はタイ軍部が背後にいると主張したという。

また、古くは、一九七三年に韓国の政治家、金大中《キムデジュン》氏（後の韓国大統領）が東京のホテルで韓国中央情報部（ＫＣＩＡ）によって拉致された事件が有名だ。金氏は亡命者ではなかったが、帰国すれば殺される恐れがあったため日本に滞在していたのだから構図は同じだ。

亡命に失敗した大佐に対して、彼の故国がどのような処置をとるかは、まったく予測不能だった。しかし、これまで報道されてきたことをみると、彼の国ははっきり言って虐殺や暗殺のようなことをやりかねない国だった。いずれにせよ、私たち警察は最悪のケースを想定して動くしかないのだ。

シェルターについてくわしく語ることはできないが、この時大佐のために用意したのは一般の人も宿泊できる東京都内のホテルのような施設だった。

大佐を案内した時は、すでに日付が変わっていた。大佐が使う部屋のほか、両隣の二部屋と、真上にあたる上階の一部屋を押さえ、それぞれに公安部員を配置して、二十四時間態勢で監視と警戒にあたるシフトを組んだ。

自殺防止のため、ベルトやネクタイ、靴紐、バスローブの帯、剃刀《かみそり》などはすべてこちらで預かった。大佐に携帯電話を渡し、安全確認のため定期的に電話に出てもらうことにした。長期戦になることも覚悟して、私も別に部屋を取り、報告書の作成や打ち合わせの場所にあてた。

この時点で、大佐の身柄の扱いはすでに警視庁だけの問題ではなくなっていた。警察庁警備局も詳細な報告を求めてきた。

日本警察が何より第一に考えるのは、人の命である。日本国内で彼に制裁が加えられるようなことは断じて阻止しなければならない。われわれの庭先で襲撃を許したら日本警察の名折れにもなる。だが、いつまでも保護し続けることはできないし、保護していることをいつまでも彼の国の大使館に告げずにいるわけにもいかない。

彼自身の意思を尊重すべきだが、いずれは安全に日本を出国してもらうこと、それまでは全力で守り抜くこと――それが第一義だろうと私は考えていた。

二日目は、朝から警視庁と警察庁を何往復かして、上層部への報告と対応協議に時間を費やさねばならなかった。方針が定まったのは、午後も遅い時刻になってからだった。

やはり、大佐の身柄は最終的に彼の故国に引き渡すしかない――これが私たちの結論だった。公用旅券で渡航した人物の身柄をいつまでも押さえておくのは主権侵害と言われかねない。それに、彼の国の法執行機関が彼に法の裁きを与えようとするのであれば、その公正さはともかくとして、日本の警察がそれを妨げるのはやはり筋違いだろう。なによりも大佐自身が、もはや故国に戻るしかないという気持ちに傾いている様子だった。

ただし、このまま彼を大使館に彼を引き渡したら、私たちが容易に手出しできない大使館内で、どのような制裁が彼に加えられるかわかったものではない。実際に海外では、中東某国の政府にとって邪魔なジャーナリストが、他国にある総領事館内で殺害されるという事件が起きている。そうした不法行為をどうやって防げばいいのだろう。

そこで私たちは一計を案じた。日本で暮らしている大佐の国出身の人たちの中にもバラン派がいる。そうした日本国内のバラン派コミュニティに大佐のことを知らせるのだ。そして、大佐が大使館に入った後、バラン派の人たちが定期的に大使館に電話したり訪問したりして、大佐のプルーフ・オブ・ライフ（PROOF OF LIFE＝ＰＯＬ、生存の証明）を示すよう大使館側にしつこく求めてもらう。もしも大使館側が大佐の安否について回答を拒んだり、途中でＰＯＬが取れなくなったりした場合、バラン派はただちに世界中の人権擁護団体やマスコミに訴えて大使館の非道を糾弾《きゅうだん》することになる。そうやって圧力をかけ続ければ、さすがに大使館もおかしなことはできないはずだ――と、このようなシナリオだった。

このプランを実行に移すか否かは大佐の意向次第なので、私は大佐に会いにシェルターに戻った。

「日本国内のバラン派にあなたのことを教えることを希望しますか」

大佐に尋ねたところ、彼は即座に「希望します」と答えた。

「そんなことまでやってくれるのですか。本当に感謝します」

その日の夕刻、東京都千代田区の帝国ホテル一階のラウンジで、私は浅黒い肌の男性と向かい合った。

男性は、大佐の国から日本に来た人たちの団体の副会長で、在日経験が長く、日本におけるバラン派のリーダー格と見られる存在だった。電話だと盗聴される恐れがあるので、わざわざ来てもらうことにしたのだが、「至急会いたい」という私の呼び出しに、すぐ駆けつけてくれた。

「ご足労をかけてすみません」

「警察官のあなたが私に一体どんなご用でしょう」

在日のバラン派の動向に目を配るのは本来、警視庁公安部の外事三課(当時。二〇二一年四月の再編後は四課)の仕事だが、外事三課の人員は基本的に相手と一切接触せず、ひたすら影のように監視するだけなので、こうして直接対話するのは私の役目となるのだ。

私は声を潜め、前日からの経緯をかいつまんで説明した。開けた場所のほうが会話を傍受されにくいので、あえてこのラウンジを会合場所に選んだのだ。

「その大佐は、本当にバランン派と信じていいのでしょうか……」

副会長は最初のうち警戒の色を露わにした。私が大佐の言動などについて説明すると、やがて疑いは解けたようだった。

「わかりました。われわれの同志である大佐の身を案じてくださって、心から感謝します」

副会長は英語まじりの日本語で言った。

「ＰＯＬ確認の件、お願いできますでしょうか」

「任せてください。大佐の身柄が大使館内にあるうちは、必ず安全が確保されるよう、私たちがしつこくＰＯＬを示すよう大使館に要求し続けます。身柄が国外に出た後も、私たちのネットワークを使って追跡し、本国に戻された後もＰＯＬを取り続けるよう手配できるでしょう」

「ありがとうございます……ところで、もう一つお願いしたいのですが、ここでの会話は一切口外しないでほしいのです。私から情報を得たことは誰にも言わないでください」

「わかっています。もちろん口外しません」

読者のみなさんの中には、この私の行動について違和感を持たれた方がいるかもしれない。

保護対象の人物のことを外部の第三者に教えてしまうなんて、事情がどうあれ、警察官のやるべきことではないんじゃないかと。

その意見は正しいと私も思う。警察官は保護対象の人物の情報を外部に漏らすべきではないし、もっと言えば、情報を漏らすことによって他国の政府機関に圧力をかけるなんて、警察官の職務を逸脱したやり方であり、「不法」または「不当」と言われても仕方のないことだろう。

私たちもそのことは無論承知していた。承知したうえで、そうするしかないと判断したのだ。今、改めて考えてみると、このようなやり方は日本の「公安警察」の体質そのものなのではないかと思えてくる。犯人の検挙に全力を注ぐ「刑事警察」とは少し違い、犯罪を未然に抑止するために知恵を絞るのが「公安警察」の特徴だ。そのために深謀遠慮をはりめぐらし、多少は不当なことでも手を染めるのを辞さない――これはまさに、古くから受け継がれてきた「公安的発想」そのものだと思う。

翌日、大佐を大使館に引き渡すことになった。亡命未遂から三日目のことだ。

私は朝一番に大使館に電話して、面識のある駐在武官に面会を申し入れ、まず一人で大使館に出向いた。

「あなたの国の大佐が来日後に消息を絶っていますね」

私が言うと、駐在武官は露骨に驚いた顔をしてみせた。大佐が行方不明になったので、心配して警察に捜索願を出すべきか思案していたところだという。だが、その驚き方があまりに芝居がかっていたので、実は心配していたというよりも、逃亡を疑っていたというのが本当のところだろうと私は感じた。

「それで、大佐の身に何があったのですか?」と武官は聞いた。

「大佐はある国に行こうとしたが、行くことはできなかったようです。現在は私たちが知っているところにいます。お元気なので安心してください」

「あなた方は大佐をどうするつもりなのですか。日本警察の方針を聞かせてください」

「われわれは大佐から事情を聴かせていただきました。大佐は現在、本国に帰ることを希望していますが、自分の身に危険が及ばないかと恐れてもいます。無事に帰国させてもらえる保証があるのであれば、私がここにお連れすることができます」

「わかりました。しばらく待っていてください」

急に動きが慌ただしくなった。まず武官は補佐官の一人に小声で指示を与え、大使のもとに報告に走らせるらしい。自身は自室に移動して、これから本国と連絡を取るようだ。

日本の在外大使館は大使を頂点としたピラミッド型の組織で、各省庁から出向した外交官たちも全員が大使の指示のもと一丸となって働く。たとえば警察から出向した私が、現地で得た情報を大使ではなく本国の警察庁に報告したりすれば、規則違反ということになった。

だが、多くの国々の大使館はそうではない。組織は縦割りで、軍から来た駐在武官は本国にいる上官の指示を優先し、大使は蚊帳《かや》の外に置かれる。現に今、武官は大使ではなく本国と連絡を取って大佐の扱いを決めようとしている。私は交渉相手に大使ではなく駐在武官を選んだ選択は間違っていなかったと感じた。


それから一時間ほど待ったろうか。武官は席に戻ってくると言った。

「では大佐を受け入れます。こちらに連れてきてください」

「承知しました……でも、その前に一つだけ、日本警察として言わせていただくことがあります」

私はあえて釘をさしておくことにした。

「大佐の身に危害が及ばないよう、くれぐれも留意してください。われわれの国内で、大佐に少しでも危害が加えられるようなことがあった場合、とても大きな問題になりますよ。不法行為は絶対にやめてください。大佐が本国に戻った後も、彼が正当に扱われることをわれわれは希望します。わかりましたね」

「わかっています。われわれの国はそういうことはしません」

その返事はやや白々しく聞こえたが、私はこれで納得するしかなかった。


シェルターに戻ると覆面パトカーを二台手配して、大佐を乗せて大使館に向かった。二台目の後部座席に私と並んで座った大佐は、ひどく緊張した面持ちだった。駐在武官が不法行為はしないと誓ったという話を聞かせてやったが、大佐は目を細めて窓外を流れる東京の街に見入っていた。

「私たちは、あなたの無事を心から祈っていますよ」

私の言葉に大佐は深く頷《うなず》いた。

国に帰れば殺されるかもしれない——それがわかっているのに、なぜ大佐は大使館に出頭する道を選んだのだろう。大佐には、ほんのわずかな望みに過ぎないかもしれないが、日本に残留して難民認定を申請するという道もあるにはあった。

でも彼は、それを希望しなかった。難民認定とは、国に戻ると迫害されかねない人を受け入れるための制度だ。ただし日本の難民認定件数は国際的にみて極端に少なく、極めて「狭き門」となっている。一度は地位も名誉も財産も、家族すらも投げ捨てて海を渡った大佐だが、日本という異国の地で、頼るべき後ろ盾もなく、ただ一人、一縷《いちる》の望みにしがみついて生きのびようという気持ちにはなれなかったのだと思う。

大使館に着くと、先ほどの駐在武官と補佐官が迎えに出てきて、私と大佐は二階の会議室に案内された。

「では、これで」

引き渡しを終えて私が立ち去る時、心ここにあらずといった顔だった大佐がこちらを振り返り、私に軽く手を挙げた。万国共通の別れのあいさつ。それが大佐の姿を見た最後だった。

私はその後も、帝国ホテルで会ったバラン派のリーダー格の男性と連絡を取り続けた。大使館の安全を守るためにも反対勢力の動向に目を配っておく必要があったからだ。バラン派は私との約束を守り、大使館に対してしつこく大佐のＰＯＬを取り続けてくれた。おかげで大佐が出国直前まで無事だったことは確認することができた。

しかし、大佐の身柄が本国に戻されて以降、消息はつかめなくなった。バラン派を一掃する激しい嵐がなおも吹き続ける中で、大佐一人の消息を追い続けることは彼らにも不可能だったのだろう。

外事課ファイル 06 パーティー・クラッシャー

本書には大使館のレセプションの場面があちこちに出てくるが、ここでちょっと趣向を変えて、レセプションにまつわるよもやま話をいくつかご紹介したい。

どこの国の大使館も年に一度、友好親善や情報発信を目的にナショナル・デーのレセプションを開いている。

ナショナル・デーとは独立、建国、革命など国家の記念日のことで、日本に大使館を置いているすべての国が自国のナショナル・デーを外務省に一つずつ届け出ている。毎年、当日、またはこの日の前後などにレセプションを開くのが一般的だ。

このほか、たとえばギリシャ大使の離任レセプション、ブータン首相の歓迎レセプションのように、ナショナル・デー以外のレセプションも頻繁に開かれている。バングラデシュのナショナル・デーは三月の独立記念日だが、十二月にも戦勝記念日のお祝いを開く。ポーランドは五月の憲法記念日のほか十一月の独立（戦勝）記念日に武官主催のパーティーをする。

私はこうした小規模のパーティーも含めて行けるものにはすべて顔を出すことにしていたので、昼と夜のダブルヘッダー、トリプルヘッダーなんてこともよくあった。年間で百十回以上のレセプションやパーティーに出席していた。

前述したように、なかなか会えない国の大使や外交官と顔つなぎできる貴重な機会なのでというのが最大の理由だったが、もう一つ、情報通の米国のＣＩＡ（中央情報局）やＦＢＩ（連邦捜査局）の駐在員らと会って情報交換するのも目的の一つだった。大きなレセプションの会場には、必ずといっていいほど米国をはじめいろんな国のインテリジェンス（諜報）機関の人たちが姿を見せるのだ。見ようによっては、「スパイの社交場」のような光景が繰り広げられることもよくあった。

ひと口にレセプションと言っても規模や内容はさまざまだ。

国の名誉や威信をかけて、帝国ホテルなど高級ホテルの大宴会場に千人規模の来賓を招いて祝宴を開く国もあれば、経費節減のため大使館や大使公邸、小規模のレストランを借り切るなどしてパーティーを開く国もある。韓国、シンガポール、タイ、サウジアラビア、カタールなどは毎年千人規模だった。

規模の大小にかかわらず、会場では民族衣装や芸能、音楽、ダンスが披露されたりして、大使館ならではの文化に触れることができる。もう一つ、レセプションで忘れてはならないのは、お国自慢の料理だろう。高級ホテルは衛生管理上、料理の持ち込みを許さないことが多いので、たとえばポーランドの場合、都内にあるポーランド料理店がホテルの厨房にレシピを提供して、ホテルの調理スタッフと本国の料理人のコラボによるお国の料理を提供していた。このように日本のシェフによって再現された異国の料理を味わえる機会はそう滅多にないだろう。レセプションは自国の食文化を紹介する機会でもあるので、料理だけでなく、ワインやビールなど本国の飲み物も会場でふるまわれることも多い。

このため、料金を払ってでも参加したいという人も結構いるそうだが、ときには「パーティー・クラッシャー」と呼ばれる迷惑な人たちが来ることもあった。

パーティー・クラッシャーは招待状なしでパーティー会場にまぎれ込んでしまう人たちのことだ。私は会場警備上の相談を受ける立場だったので、こういう人たちをどうやって締め出すかで頭を悩ませた。たとえば招待状を出したのは五百人なのに、入場者が七百人を超えてしまうと、料理があっという間になくなってしまったりする。これは大使館にとってたいへん不名誉なことなので、なんとかしてほしいと頼まれるのだ。

受付で招待状を厳密にチェックしても、トイレに行って戻ってきたような顔をして入ってきてしまう人がいる。あるいは、入口の外で人のよさそうな大使を見つけるや、「大使、こちらですよ」と知り合いのようなふりをして声をかけ、そのまま大使一行と一緒に入場してしまうという手慣れた常連もいた。

そういう人たちの目当てはおいしい料理や華やかな雰囲気を味わうことなのだろうが、中には会場で各国の大使や来賓の著名人をつかまえては握手するところを写真や動画に収めてSNSにアップするという手合いもいた。

そんな一人が、某宗教団体の団体職員を務める東アジアの男A。Aは外事課なみの情報収集力で、大使館主催のパーティーが行われることを聞きつけ、大使と握手やハグしている写真や動画を連れの女性に撮らせ、それをSNSにアップしていた。宗教の勧誘に使っていたわけではなく、単に「オレは各国の大使と知り合いなんだ」と自慢したいだけなのだが、一緒に撮られた大使は、後でみな腹をたてていた。

日本人の男Bも大使との写真や動画を撮りたがるのだが、Bの場合、それを自分が関わっている語学学校や知人の経営コンサルタントなどのHPにアップして、ビジネスに直結させていた。

こういう連中への対策としては、受付で招待状と引き換えに花を渡し、花を胸につけていない人は再入場を認めないというシステムにするのが一般的だが、常連のパーティー・クラッシャーの顔を覚えた人を受付に配置して入場を断るということもあった。ある国の大使は、常連のパーティー・クラッシャーの顔を覚えてしまい、出席した他国のレセプション会場でその顔を見かけると、さっそく主催者にご注進していた。自国の料理を散々食い荒らされて、よほど腹に据えかねていたようだ。


料理といえば、大使公邸の晩餐会《ばんさんかい》などで腕を振るう公邸料理人の腕前も忘れてはならない。

私も親しくなった大使の公邸に招かれてディナーやランチをふるまわれたことがあるが、どの料理も日本人の口に合うよう見事に味付けされていた。公邸には日本の政財界の要人など年配の人を招くことが多いので、自国の食文化を押し付けるよりも食べやすさを優先させているのだろう。公邸料理人は本国で選抜されて外交使節団に帯同してくるシェフたちで、厨房という舞台裏で外交の檜《ひのき》舞台を裏から支えている人たちなのだ。

レセプション会場は男女の出会いの場となることも多いようだ。

独身で赴任した外交官の中には男女を問わず、日本で配偶者と出会って連れて帰っていくというパターンが結構あるらしい。

外交官たちに日本という赴任地についてどう思うか聞いてみると、「日本に来られてラッキー」という声が圧倒的に多い。安全さ、清潔さ、観光名所の豊富さなど理由はいろいろあるが、「気立てがよくて可愛い」と評判の日本女性も人気の理由の一つだ。

私の在任当時では、トルコの大使の奥さんが日本人女性だった。一等書記官として日本に赴任した時に結婚し、本国に戻った後、今度は大使となって奥さんを帯同して日本に戻ってきていた。ハンガリー大使もこれとまったく同じパターンで、奥さんが日本人だから日本語がペラペラだった。中南米のP国大使は引退した後、日本に住みついたが、この人の奥さんもやはり日本人だった。

当時のジョージア大使の場合はちょっと違い、本国で離婚を経験した後、子息を連れて日本に赴任した際、東京のあるホテルの女性従業員とめぐりあって再婚した。出会いの経緯については私もくわしく知らないが、出席したどこかの国のレセプション会場が出会いの場となったようだ。それまでジョージアのナショナル・デーのレセプションは別のホテルで毎年開かれていたが、この翌年から大使夫人が勤めていたホテルで開かれるようになったのは当然のなりゆきだろう。

ちなみに豆知識だが、日本に来た大使や外交官の配偶者が日本人だった場合、配偶者が日本国籍のままだと外交特権は与えられない。相手国の国籍になっている場合は、外交官である配偶者と同じ特権が与えられる。

レセプション会場で毎年のように殴り合いの喧嘩騒ぎが起こるという困った国もあった。国名は伏せるが、ここは与党と野党が激しく対立し、選挙のたびにもめる国で、日本で暮らすこの国の人たちのコミュニティも、対立の図式を鏡のように反映していた。

毎年十二月の独立記念日のレセプションは大使館で開かれた。この日ばかりは与党支持者も野党支持者も分け隔てなく、来たい人が大使館に集って一緒にお祝いをするのが伝統なのだが、政治談議好きな国民性ゆえに、人が集まると議論があちこちで始まるのだ。やがて、口論がもみ合いになり、そして殴り合いが起き、壁の絵の額装が叩き割られたりして、管轄の警察署が呼ばれて騒ぎを収めねばならなくなるというのが毎年恒例のことになっていた。

来賓もいる場でこんな醜態をさらすのは大使としても面目ないことだ。そこで、ある年、大使は私たちの力を借りて、もめごとの種を排除することにした。大使館の入口に職員と警察官を配置して、前年のレセプションで騒ぎを起こした人たちを中に入れないようにする作戦をとったのだ。

ところが、入口に配置された職員たちに大使の方針がきちんと徹底されていなかったのが原因で、かえって混乱を招いてしまい、中に入れろ、入れない、の小競《こぜ》り合《あ》いとなった。仲間に入った警察官まで胸倉《むなぐら》をつかまれる事態となり、私は大使に抗議した。激しやすい人たちを抑えるのは難しいのだ。

レセプションというと、きらびやかなパーティー外交の表舞台を想像する人も多いと思うが、お国事情はさまざまなのだ。

外事課ファイル 07 女難

外交官も人間だ。言葉が通じない異国の地で暮らしていれば、女難、犬難、さまざまなトラブルにぶつかることもある。

これはシルクロードのはるか西方の国から来た駐日大使の話だ。

その大使は夫人を伴って東京に赴任していたが、夫人が一時帰国した折に、火遊びの誘惑に駆られたらしい。どこで知り合ったのか、お稽古ごとの先生をしている日本人の独身女性の家に招かれて、一人でお邪魔したのだ。

女性が手料理をふるまって、途中までは上々のムードだったという。だが、何があったのかよくわからないが、女性はいきなり興奮して叫びだしたという。大使が茫然《ぼうぜん》としていると、女性は一一〇番に電話して、「変な外国人が家に入ってきて、出ていってくれない」と訴えたそうだ。

管轄署の制服警官たちがただちに急行した。独居女性宅に外国人が侵入したというのだから、これは命の危険がある緊急事態と思っただろう。

家に駆けつけてみると、確かに偉そうな態度の外国人の男が一人いた。女性は取り乱していて話がどうも要領を得ない。男のほうは日本語をまったくしゃべれないらしい。とりあえず警官たちは、男をパトカーに乗せて署に連行した。まったく抵抗しないので、手錠をかけずに連行したのだが、これは後になって考えるとラッキーなことだった。

住居侵入の容疑者なので、警官たちは男を刑事課の取調室に放り込んだ。だが、そこで一人があることに気づいた。

「ちょっと待てよ、この男、しきりにディプロマット、アンバサダーって言ってるみたいだぞ」

ディプロマットは外交官、アンバサダーは大使の意味だ。

「まさか……ちょっと本庁の公館連絡担当班に聞いてみよう」

その時、私がちょうど公館連絡担当班のデスクにいた。管轄署員（警官）から経緯を聞いたのだが、すぐに「しまった」と思った。

私たち公館連絡担当班、通称リエゾン班は、最前線にいる警察官たちに外交官の扱い方、やっていいことといけないことを理解してもらうため、定期的に各警察署を巡回してレクチャーを行っている。しかし、今回の署に限っては、管内に外交官の住居などがないこともあり、ここ最近、巡回の指導対象から漏れていたのだ。

「……で、その男は、パスポートも身分証も持っていないんだな」

「持っていませんが、国名はわかります。○○国と言っているようです」

「どんな顔だ？　風貌を言え」

「額にしわがあって、白髪チリチリで……」

「間違いない、そいつは本物の大使だぞ」

私は背筋が寒くなった。

「いいか、まず警視庁の通訳センターに電話しろ。英語の通訳は二十四時間待機しているから、三者通話で通訳してもらえ。そして、大使、今、応接室が空きましたので、そちらに移動してもらいますと、そう通訳してもらうんだ。いいか、応接室がふさがっていたので、一時的にここにいてもらったけど、今、空きましたからと言って、そっちに案内するんだぞ」

向こうで警察官が必死でメモを取っている。私は続けた。

「それから大使に、外交官等身分証明票はどこにありますかと聞いてみろ。大使館に置いてあるなら、大使館に電話させて、大使館の運転手に今すぐ署まで運ばせるよう手配させるんだ」

聞けば、大使に手錠はかけなかったが、連行する際に腕をつかむなど何回か体に触れたという。これは厳密にいうとウィーン条約に抵触する行為だが、大使のほうが問題にしてこなければ大丈夫だろう。

それよりも、今、取調室にいることがまずい。取調室にいるということは、容疑者として身柄を拘束したのと同じことなのだ。

さっそく応接室に移動させてから、大使に電話を代わってもらった。

「おお、ミスター・カツマル、助けてくれ」

「大使、いったい何があったんです？」

「私もよくわからないんだ。女性が急に錯乱しだした。そうとしか言いようがない。私は彼女に指一本触れていないんだ。彼女が落ち着いたら、よく聞いてみてくれ。指一本触れていないと言うはずだから」

「大使、そこにいる警察官にあなたの外交官等身分証明票を提示していただければ、あなたはそこを立ち去ることができます。でも、警察に通報があった以上、この件はうやむやにできません。大使には捜査に協力していただく必要があります。何があったのか警察官に説明して、調書を作成させていただかないと、この件を終わりにできません」

「それは面倒だな……」

大使は調書作成を渋った。

「でも、応じてくださらないと、大使館に要請の電話が行くことになります。外務省儀典官室の耳にも入りますよ」

「わかった。わかったよ」

大使は後日、調書作成に応じることになった。

大使が恐れたのは、外務省よりも夫人の耳に入ることのほうだったようだ。後日、私を大使館に呼ぶと、懸命に口止めを試みた。

「頼むよ、妻にだけは知られたくないんだ」

携帯電話の番号を書いたメモを差し出して、「今後、この件に関する連絡はすべてこちらの電話にかけるようにしてくれ。絶対に大使館の受付にはかけないように」。

「わかりました。奥さんにお伝えする義務は私たちにはありませんから、本件に関する連絡はすべて指定された携帯番号で大使と行うようにいたします」

この一件は、結局、被害者の女性が後日の調べに対し、「何があったのか言いたくない」と話すだけで、被害届も提出しないと言明したため、一件落着となった。

外事課ファイル 08 元陸将の虚栄心

二〇一×年、東京都心のホテルの大広間で、欧州某国の大使館による年に一度のナショナル・デーのレセプションが開かれていた。

数百人の来賓が会場を埋め尽くし、壇上ではちょうど友好議員連盟の国会議員が来賓あいさつのスピーチを終えたところだ。お国自慢の料理や飲み物がテーブルに並び、あちこちで歓談の輪ができはじめている。

私は会場を見渡して、来場した各国の外交官たちの顔ぶれをチェックした。前にも書いたが、私は公館連絡の職務のため、こうしたレセプションには時間が許す限り出席することにしていた。レセプションには友好国の大使らが顔を揃えるので、顔つなぎするにはうってつけの場所なのだ。

その時、立ち話をしている二人の男が私の目を引いた。

一人は軍服姿の外国人。その顔は私の頭に焼き付いていた。ロシアのスパイを監視する外事一課の捜査員が隠し撮りした顔写真を閲覧していたからだ。名はセルゲイ・コワリョフ。表の肩書はロシア大使館の駐在武官だが、ロシア連邦軍の諜報部門、参謀本部情報総局（略称GRU、35ページ図）の諜報員と目されている男だ。

問題は、コワリョフと話している背広姿の日本人男性だった。

初めて見る顔だったが、関心を引き付けられた理由は直感というしかない。六十年配で姿勢がよく、付き人らしい男性を一人従えて、いかにもひとかどの人物然とした物腰が目についた。コワリョフと名刺交換をした後、何事か熱心に話しているが、それがどうも初対面の会話には見えないのだ。たとえば同じ職業の人間同士だと、会ってすぐに共通の関心事項について話し合うことができる。二人の会話はそんな感じに見えた。もしかしてあの二人、お互いが何者かをよく知っている者同士なのではないか……。

あの男はチェックしたほうがいいようだ——私はそう判断した。

このようなレセプションの会場には各国のスパイがよく顔を出す。この日も歓談する外交官たちに混じって中国、イランの情報機関から派遣された男たちの姿もあったし、コワリョフのGRUとはライバル関係にあるSVR（ロシア対外情報庁、35ページ図）の諜報員もいた。

そして、スパイたちのいるところ、警視庁公安部外事部門の秘匿捜査員たちが近くで目を光らせている。ロシアのスパイは外事一課、中国は外事二課、イランは外事三課（二〇二一年の組織改編後は外事四課）の担当だ。しかし、彼らはレセプションの会場には入れない。そこで公安部内で唯一入れる私に、会場内での「目配り」が求められるわけだ。

外事一課の同僚からは、「きょうのレセプションにはＧＲＵとＳＶＲが出席するはずなので、何か気づいたことがあったら連絡してほしい」と頼まれていた。

私はいったん会場を出て、ホテルの廊下の目立たない場所に移動すると、携帯電話で手早くメールを送信した。送り先は、どこかこの近くに潜んでいるはずの外事一課の秘匿捜査員だ。

「爺スーツYタイ60白髪短髪B交換　連れ1男40」

こんな文面だった。「爺」はＧＲＵのＧ、つまりコワリョフのことで、事前に打ち合わせていた符丁だ。あとは、コワリョフと話していた男性についての情報を並べたものだ。スーツ姿で黄色（Yellow）のネクタイ、六十代で頭は白髪の短髪。「Ｂ交換」はビジネスカード（名刺）を交換したということ。連れは四十代の男一名――こんな意味だ。

対象が日本人であることは言わずもがななので省いている。そもそも外事一課がスパイを監視する理由は、スパイと接触する日本人に目を光らせるためなのだ。

コワリョフのような大佐級のスパイには通常、三人程度の秘匿捜査員のチームが張りついている。監視対象が二人連れの場合は五人チームだったりするのだが、彼らを一般の人が見分けるのはまず無理な話。それほど背景に溶け込んでいるからだ。たとえば、きょうのようにコワリョフがホテルに行くことがあらかじめわかっていた場合は、結婚式の相談に来たカップルにしか見えない身なりの若い男女が実は秘匿捜査員だったりする。あるいは商談に訪れたビジネスマンを装っているかもしれない。私が探し回ったとしても、おそらくは見つからなかっただろう。

そもそも外事一課では、課員の名簿や編成表のようなものがオープンにされていない。課の所属人員は総勢百人余りといわれるが、表の存在である私の前には一度も姿を現さないような秘匿捜査員が多数在籍しており、同じ課の同僚であっても彼らの離任着任すら知ることができないのだ。

私の連絡を受けた秘匿チームはこの後、「スーツY タイ60白髪短髪」の男性が会場を出るのを待って追尾を開始する。そしてこの夜、男の自宅を突き止めたのだが、その経歴を知って愕然《がくぜん》としたという。

陸上自衛隊のナンバー2、東部方面総監にまで上りつめたエリートの元陸将で、数年前に退官し、現在はさる大企業の顧問に天下っている人物だった。

警視庁公安部の外事部門が外国のスパイを監視する最大の目的は、国家の安全に関わるような機密情報や先端技術が海外に流出するのを阻止するためだ。このほかテロや有害な対日工作など、海の向こうからもたらされるさまざまな脅威を防ぐために働いている。

外事部門の四つの課のうち、外事一課は冷戦時代から旧ソ連など共産圏のスパイを追い続け、数々のスパイ事件を暴いて「スパイハンター」の異名をとってきた。ハンターといっても、外交官の身分を持つスパイを逮捕することはできないので、スパイに籠絡《ろうらく》された者（主に日本人）を摘発してスパイ活動を白日の下にさらすのが務めだ。ロシアのスパイは企みを暴かれると、警視庁の出頭要請には応じないですみやかにモスクワへ帰っていく。こうやってスパイを一人ずつ排除していくのが、現在の日本の法制下で外事警察にできる最大限の責務なのだ。

現在日本で活動しているロシアのスパイの数は、前述のSVRが約六十人、コワリョフらのGRUが約五十人、第三の諜報機関FSB（連邦保安局）が十人弱だといわれている。今も日本に総勢約百二十人ものスパイを送り込んできているロシアは、まさに世界有数の〝スパイ大国〟といっていいだろう。近年も世界各地で活発な諜報活動を展開しているとされ、中でもGRUは二〇一六年の米大統領選挙、二〇一八年の韓国・平昌《ピョンチャン》冬季五輪を標的にサイバー攻撃を繰り返していたことが米欧の情報及び法執行機関によって指摘されている（二〇二一年の東京五輪でも、早い段階からサイバー攻撃を仕掛けていたといわれている）。

これら日本で活動する約百二十人のロシアのスパイたちは、全員がロシアの駐日大使館に勤務しているわけではない。東京にはロシアの通商代表部という出先機関もあり、こちらに駐在するロシア人職員の中にもSVRやGRUが含まれると見られるほか、航空会社のアエロフロート、通信社のタス通信の東京駐在員の中にもスパイと見られる人物がいる。

相手の動きを監視して、その人物をスパイだと見極めることを警察内部では「格付け」と呼んでいる。格付けの決め手となるのは、やはり人との接触だ。

誰と、どれだけの頻度で接触したか、何を話したのか。たとえばGRUの可能性がある男がレストランで誰かと密談している時、隣の席にいるカップルは外事一課員かもしれない。カップルのテーブルに置いてあるペン型マイクは、隣の会話を拾っているかもしれない。こうやって情報が蓄積され、スパイ活動をしているのか違うのか、白黒がつけられていく。

コワリョフの場合は、GRUの「指定席」とされる駐在武官のポストに着いているので、来日した時点で即、スパイと格付けされていた。つまり、ロシア大使館の武官は歴代全員がGRUと見られるのだ。日本だけでなく、GRUは各国の大使館に武官の肩書で諜報員を派遣してきたといわれる。

日本におけるGRUの活動履歴をさかのぼっていくと、自衛官が籠絡された情報漏洩事件は過去に少なくとも二件、外事一課によって摘発されている。一件目は旧ソ連時代の一九八〇年、陸上自衛隊の陸将補がリバルキン、コズロフという二代の駐在武官によって情報源として引き継がれ、二人に部内誌などの機密文書を渡していた事件が暴かれた。もう一つは二〇〇〇年、ボガチェンコフ大佐が海上自衛隊の三佐を籠絡して内部文書を手渡しさせていた事件が摘発されている。

この三人のロシア人スパイは、いずれも捜査の結果GRU所属と断定されたが、前述したように、活動を暴かれるとすみやかに帰国してしまった。そして彼らのポストには、その後も後任が切れ目なく送り込まれて、コワリョフにまで至っていると見られる。

報道によると、コワリョフは一九九六年に最初に赴任してから三回にわたって計九年間、駐日大使館に勤務したということだ。私が陸将との接触を目撃した時点で、日本での活動歴はすでに通算八年目にさしかかっていたはずだ。

コワリョフはいかなる目的で東部方面総監まで務めた元陸将と接触したのか――それを突き止めるため、外事一課の捜査チームは元陸将の動きを追った。そして、さほど時が経たないうちに、元陸将が再びコワリョフと会う姿を現認する。場所は都内の飲食店で、一対一の会合だった。しかも、この時の元陸将の行動がいかにも不審だったという。

会合場所に向かう途中、降りるべきでない駅で降りてまた次の電車に乗る、いきなり立ち止まって後ろを振り返る、必要のない場所でタクシーに乗る――そういった行動を繰り返したのだ。尾行されていないか確かめる行動や、尾行者を振り切ろうとする行動で、いわゆる「点検」と「消毒」だ。

追尾チームはこれを見て確信した。「これは、やってるな。何かやましいことをやってるに違いない」と。

それから約一年間、外事一課はコワリョフと元陸将の動きを追い続けた。二人の接触はかなりの回数にのぼった。場所は四谷、高田馬場など新宿区内の飲食店が多く、別の国の元軍人を交えた三人で会うこともあったが、コワリョフと元陸将は毎回必ず、会合に向かう時とその帰路に点検と消毒を繰り返した。

たとえば会合が午後六時からだとすると、コワリョフは午後四時半に大使館を車で出て、途中でタクシーを乗り継ぎ、会合場所とは違う店に入って一杯飲むなど複雑な動きをしてから目的地に向かった。

こうした動きをする人間を、相手に気づかれずに尾行する「ソトイチ」（外事一課の通称）の秘匿捜査員の尾行技術はまさに職人技といっていいものだ。

たとえば、東京のJR山手線に大塚という駅がある。この駅はホームが一つあるだけのシンプルな構造が特徴で、ホームの両側に山手線の内回りと外回りの電車が停車する。ホームは一直線なので端から端まで見通しがいい。スパイはこういった駅を好んで点検に利用するのだ。

たとえば、次のような手順をとる。まず、最後尾の車両に乗ってきて大塚駅のホームに降り立つと、同じ電車を降りた乗客たちがすべて階段に消えていくのをじっと見送る。それからホームを端から端まで歩いていく。このホームは道路より高い位置にあり、上は屋根に覆われているので外部からの監視も難しい。スパイは反対端まで来ると、ホーム上にいる人たちの顔ぶれをもう一度念入りにチェックしてから数本後の電車に乗る。

さて、このような行動をとる相手を、気づかれずに尾行することが本当にできるのだろうか。「ソトイチ」（外事一課の通称）の秘匿捜査員たちはそれをやってのけるのだ。いったいどんな奥義《おうぎ》を使っているのか、私にも見当がつかない。「一子相伝《いっしそうでん》」という言葉があるが、経験によって磨かれた秘匿追尾の技は門外不出で、「キャップ」と呼ばれるベテランの捜査員からチームの部下にだけ引き継がれるのだという。

ロシアのスパイには奇妙な習性があって、彼らは情報源と会う時必ずその場で次回の会合の日取りを決めたがるという。後で連絡するということは滅多に言わず、じゃあこの次の予定を決めましょうと会合の最後に口にするのだ。しかも、後になって予定が変更されることをとても嫌がり、大使館や携帯に電話をかけてこられるのも嫌う。このため一度会合の日時と場所が決まったら、それはよほどのことがない限り動かないと考えていい。

これは捜査チームにとっては非常にありがたいことだ。会話の内容さえキャッチできれば、次回は先に店に人を配置して二人が現れるのを待つことができるからだ。ボガチェンコフ大佐の事件の時は、飲食店での内部資料の受け渡しの現場を押さえた際、店内にいた他の客はほぼ全員が外事一課の捜査員だったという。

コワリョフの場合も、この習性は同様だったらしい。

ある日、会合の様子を捜査員たちが密かに監視していると、元陸将がコワリョフに何か包みのようなものを渡す場面が現認（現場で確認）された。

「なにか渡したぞ。あの中身は何だ」

捜査チームは二人の会話を密かに記録していた。

「じゃあ前回約束したものです」と元陸将。

「もっと追加をいただけないですかね」とコワリョフ。

そんなやり取りを隠しマイクが拾っていた。

この後、手渡された品物を特定するための捜査が進められ、それが自衛隊の訓練に関する「教範」と呼ばれる内部文書だったことが判明した。元陸将は最初に手持ちの教範をコワリョフに進呈した後、追加でもっと欲しいと求められ、かつての部下の現職自衛官に調達を依頼して、数回にわたってコワリョフに渡していたのだ。

教範は自衛官なら誰でも購入できるもので、機密性はさほど高くないものの、購入には内部決裁が必要だし、情報公開請求では明かされない実質的秘密も含まれていることが後に判明した。東京地検と協議した結果、教範を渡す行為は秘密の漏洩に当たるという結論に達し、自衛隊法（守秘義務）違反容疑で立件する方向が固まった。

ホテルのレセプション会場での接触から約一年後、外事一課は元陸将に任意出頭を求めて事情聴取を開始した。すべてを監視されていたことを知った元陸将は、率直に事実を認めて反省の意を示したという。警視庁は元陸将を在宅のまま書類送検した。コワリョフはすでに出国しており、ロシア大使館は例によって出頭要請を拒否した。

ロシアの三つの諜報機関（35ページ図）のうち、FSBの諜報員の中には泥酔して車の中で寝込んでしまうような素行の悪い男もいたが、GRUとSVRは総じてエリートらしく品行方正で、外見はおよそスパイのいかついイメージとはかけ離れた人たちに見えた。

だが、彼らは人を籠絡するための専門的な訓練を受けており、気づかれぬうちに相手を協力者にしてしまうプロフェッショナルなのだ。たとえば最初は少額の飲食代やお礼から始まって、金額が徐々に大きくなり、気がつけばもう後戻りできない状態にしてしまったりする。

元陸将の供述から浮かび上がったのは、巧みに相手の虚栄心をくすぐりながら情報源にしてしまおうとする狡猾《こうかつ》な姿だった。

元陸将はコワリョフと現役時代から顔見知りだったが、退官後に再会すると、自分の専門分野である部隊の運用法などについてコワリョフから熱心に教えを請《こ》われ、やがて師匠と弟子のような関係になっていったという。別の国の武官とも親しくなった元陸将は、自分は退官後もこれだけ豊富な人脈を持っているのだと周囲に誇りたい心理につけ込まれたようだ。

教範を渡すことになったのは、コワリョフから「これまで教えていただいたことについてマニュアルのようなものはありませんか」と問われたのがきっかけだったそうで、当初はさほど重要な機密ではないという油断があったようだ。だが、同じものを追加で要求されて現職自衛官にまで集めさせた時点で、自分が一線を越えていることに気づかなかったのだろうか。

外事一課はこの時の元陸将の状態を、本格的な協力者になる前段階だったと分析し、これ以上の深みにはまって重要機密の漏洩に追い込まれる前に終止符を打たせようという判断から事情聴取に踏み切った。

東京地検は元陸将の処分について検討した結果、秘密の漏洩に当たると嫌疑は認めたものの、「事案の重大性の程度」などを考慮して起訴猶予処分とした。これは外事一課としても想定内の処理だった。

＊＊＊

「見ている」ということを相手に知らしめる——これは、外国のスパイを監視する外事警察の根底にある考え方だ。

スパイを泳がせて、もっと抜き差しならないところまでいってから摘発したほうが事件として人々の目に華々しく映るかもしれないが、それよりも、被害を軽減することに重きを置かねばならない。どこで強制捜査に踏み切るかの判断は、現場から叩き上げた指揮官である外事一課長のセンス次第なのだ。

ときには、一人のスパイを監視するためにかなりの時間と経費をかけて続けてきた秘匿捜査のオペレーションを、ある日突然、「強制追尾」に切り換えて打ち切りにしてしまうこともある。

「強制追尾」とは「秘匿追尾」の反対語で、相手に「見ているぞ」とわからせるように大っぴらに捜査員を張りつけて情報源と会わせないようにすることだ。

たとえば、重要な機密が持ち出されて、スパイの手に渡るのを何としても阻止しなければならない時、あるいは、情報漏れの量が大きすぎて、一刻も早く〝蛇口〟を閉めねばならない段階に来た時――こういう場合は関係者を逮捕することよりも、流出を食い止めることのほうを優先し、捜査員が表舞台に姿を現す。

こんなことを言うと不謹慎に聞こえるかもしれないが、普段は細心の注意で秘匿捜査にあたっている捜査員たちにとって、強制追尾は意外と楽しい仕事らしい。

堂々とスパイに付いていけばいいのだ。トイレに行くなら横に並んで用を足す。電車に乗るなら並んで吊り革に摑まる。パーティー会場に入るなら、入口まで付いていって、「じゃあここで待ってるから」と手を振ってやる。相手はイライラして食ってかかってくるという。顔に唾《つば》がかかるぐらい詰め寄られて罵《ののし》られたこともあるそうだ。そういう時は、「お前とたまたま行く方向が一緒なんだ」と言い返してやる。ソトイチの捜査員の三割ほどはロシア語が堪能だが、相手も日本語がペラペラなので、罵り合いはたいてい日本語になるそうだ。

あげく摑み合いの喧嘩に発展することもある。そうなると、誰かが一一〇番通報して警察官がやってくる。警察沙汰になると困るのはスパイのほうだ。外交特権があるとはいえ、警察沙汰を起こすこと自体が彼らにとっては失態なのだ。だからスパイは歯ぎしりして強制追尾に耐えるしかない。

強制追尾を延々と続けた結果、数か月後にスパイが任期半ばで帰国していった例もある。これ以上日本にいても任務を果たすことができないと判断されて任を解かれたのだろう。

スパイ事件の摘発は、同じことをやっているかもしれない日本人に対する警告であると同時に、同じことを企んでいるかもしれない外国人に対する警告でもある、とよく言われる。

だから、事件の摘発がマスコミによってアナウンスされるのは基本的に大切なことなのだが、諸般の事情により摘発が一切公表されずに終わることもある。

私が外事一課に在任していた当時、ある精密機器関連の中堅企業で、社内の機密情報を社員が持ち出している疑いが浮上したことがあった。その会社が民間の調査会社に依頼して内部調査を進めたところ、社員は先端技術の情報をCDなどに入れて持ち出し、複数の人間に渡しているらしいことがわかる。そのうち一人は外国人で、調査会社の調査員が後を追ったところ、ロシア通商代表部に入っていくところが目撃された。

その会社は管轄の警察署に相談して、管轄署は外交官らしき外国人が絡むケースなので外事一課に報告を上げてきた。調査会社が作成した報告書の中に、問題の外国人を撮影した写真もあったので、その正体はすぐ判明した。ロシアSVRの諜報員と格付けされているロシア大使館の外交官だった。

管轄署に外事一課が協力する形で捜査が進められたが、社員とロシア人外交官の接触はその後も繰り返され、これ以上泳がすと危険だという判断から、社員の逮捕に踏み切ることになった。会社の財産を勝手に持ち出して利益を得たという業務上横領の容疑が適用された。

もちろん会社は捜査に全面協力したが、ただし社長は「社の信用に関わることなので、なんとか世間には知られないように……」と懇願したという。このため事件は会社員による横領事件として処理された。スパイの存在は公表されず、管轄署扱いの事件なので新聞に大きな記事が載ることもなかった。情報を受け取っていたSVRの男は強制追尾を受けて大使館を出なくなり、後日、日本を離れた。

この事件のように、企業がスパイの被害に遭った場合、摘発が行われても公表されないケースもある。新聞やニュースで伝えられるスパイ事件は氷山の一角にすぎないのだ。

ところで、コワリョフと元陸将の事件の摘発から数年が経った今、改めてこの事件の経緯について振り返ってみると、私がホテルのレセプション会場で初めてコワリョフと元陸将の接触を目撃したのが外事一課にとってのこの捜査の端緒だったと言いきっていいのか、確信がもてなくなってくる。

私は事件当時、そう説明されていた。つまり、私がレセプション会場にいたおかげで元陸将の存在が初めて浮上し、摘発することができたと聞かされ、「お手柄」として部内で表彰までされた。

しかし、今になって思い起こすと、もしかしてこれは私がそう思い込まされていただけで、実際は元陸将の存在は外事一課の視界にすでに入っていたのではないか、と思える節があるのだ。今となっては何が真実なのかわからない。〝敵を欺《あざむ》くにはまず味方から〟

――そんな言葉を地でいく組織が外事警察なのだ。

外事課ファイル09 息子の更生

次は、シルクロードのはるか西の彼方、武力紛争やテロが絶えない国からやってきた駐日大使の話だ。

この人は医師で、本国の大臣も務めた人格者として知られる人物だったが、悩みの種は日本に連れてきた息子のことだった。

ある土曜の夜、大使の息子は東京都港区の飲食店で客同士の喧嘩騒ぎを起こし、店の前の路上で相手と殴り合って全治三日程度の軽いけがを負わせた。

実はこの息子、以前から何度か暴力沙汰を起こしており、地元の警察署では札付きのワルとして知られていたのだ。

外交官の子息は二十三歳まで親と同じ外交特権が適用されるが、二十四歳以上になると一般外国人と同じ扱いになる。ただし、身障者や大学院生などは特例としてその期間が延長されることがあるため、警察官が外交官の子息を扱う場合はまず身分証明書を確認するのが鉄則だ。

この息子はこの時もう二十八、九歳で、しかも常連なので特権がないのはわかっていたのだが、それでも警察官は毎回必ず確認する。

「君、外交官等身分証明票は持ってる?」

「ないです。返納しました」

警察官は大使の息子をパトカーに乗せて署に連行した。

公館連絡担当班にも速報が入り、連絡を受けた私たちも念のため特権がないことを確認した。

特権がないとはいえ、大使の息子をどう扱うかは悩ましいところだ。住居は大使公邸なので家宅捜索は行えないし、何より相手国がどんな反応をするか予測がつかないのだ。大使がわが子可愛さのあまり警察に猛抗議して、国家間の問題にまで発展しないとも限らない。

しかし、相手を負傷させている以上、特別扱いすることはできない。

管轄署は慎重に検討した結果、傷害容疑での現行犯逮捕という扱いにした。通常の被疑者と同じ扱いを選択したのだ。

留置場に入れられた息子は、警察官に対して従順な態度だったという。

翌日の午後、私が非番で家族と外出していた時、携帯電話が鳴った。電話をかけてきたのは息子を逮捕された大使の秘書だった。

「大使が緊急の案件であなたとお話ししたいと言っています。よろしいですか」

「いいですよ、どうぞ」

続いてかけてきた大使は、開口一番、英語でこう言った。

「国家の恥、民族の恥、一族の恥でもある私の息子のことなのですが、お話しできますか」

幾分芝居がかった言い回しだが、息子のことで恥じ入っている大使の誠実な人柄がよくわかる言葉だったので、今でもよく覚えている。

「あんなやつだが、私の息子です。とても心配しています。罪を許してくれなどとは言いませんが、今後どうなるのか教えてもらえませんか」

「もちろんです。上司と相談した上で、可能な範囲でご説明します」

改めてこちらから電話することにしたが、その前に一つだけ大使に確かめておくことにした。

大使の息子は一方的に相手を殴ったわけではなく、自分も殴られていた。こういう場合は双方が加害者で双方が被害者なので、けがの程度に多少の差があったとしても、双方が被害届を出せば双方を逮捕することになる。だが、息子のほうからは被害届が出ていなかったのだ。

「大使、息子さんのほうからも被害届を出すことができるんですが、そうさせる考えはありますか」

「いや、私はそんなことはしたくない」と大使はきっぱり言った。

「私は息子がけがをさせた相手の人に謝罪したいのです。私個人の責任において償いをしたい。私の謝罪によって息子の立場がよくなるのだったら、いくらでも謝罪するつもりです」

私は上司に報告した後、署の外事係に大使から電話があったことを伝えた。被害者の日本人男性は医師の診断書と被害届を提出しているが、けがの程度は軽く、示談《じだん》に応じる意向を示しているという。つまり、相手に謝罪し十分な示談金を支払えば、恐らく被害届は取り下げられ、大使の息子はただちに釈放されることになるだろうということだ。

相手の意向をそのまま大使に伝えることはできないが、私は大使に電話をかけ、日本には示談という制度があって、相手に謝罪して金銭面で十分な誠意を示せば事態は好転していくのではないかというアドバイスをした。

「わかりました。さっそくそのようにします」

示談は成立し、息子は勾留満期を迎える前に処分保留で釈放された。

それからしばらく後のことだ。私は大使館で開かれたレセプションに招かれた。あまり豊かとはいえない国なので、レセプションはいつもホテルではなく大使館で開かれる。白亜の美しい建物で、広間の会場に通されると、私のもとに駆けよってくる若者がいた。私の目を真っすぐ見て、「サンキュー・フォー・エヴリシング（いろいろありがとうございました）」と深々お辞儀をした。

なかなかキリッとした顔立ちの若者だった。それが大使の息子だった。その目を見た時、この男は更生の余地ありだな、と感じたのを覚えている。

それから私は大使の息子と何度か食事に出かけるようになった。そうしてほしいと大使に頼まれたからだ。「ミスター・カツマル、息子はあなたの言うことは素直に聞くようなので、あいつをお茶とか食事に誘ってやってください。費用はすべて私が払います」と。

大使のおごりなので、遠慮なく高級なレストランに行かせてもらった。息子は外国の大学の学位を取る計画を私に語り、いずれは日本で職を見つけて真面目に働くつもりだと話してくれた。恋人だという日本人の娘さんを連れてきて紹介してくれたこともあった。

その後、大使は本国に戻り、外務省の要職に迎えられたと聞いている。日本を離れる時、「ミスター・カツマルのセキュリティ・ブリーフィングによって安全な外交活動を展開することができた」という感謝状を警視総監宛に提出してくれた。私に対する最大限の感謝の印なのだろう。

問題児だった息子も日本を離れ、今は中東某国で暮らしている。ときどきメールが来るが、その後警察沙汰などは起こしていないようだ。

外事課ファイル 10 犬難

「郷に入っては郷に従え」というが、お国の常識をそのまま外国に持ち込むと、思わぬトラブルを招く結果になることもある。

ヨーロッパのある国の大使は愛犬家だった。その大使がある朝、東京都港区の大使公邸で飼っている犬を連れて散歩に出かけたのだが、近所の公園で犬のリード（引き綱）を外して遊ばせたところ、近くにいた高齢の日本人男性に犬がじゃれついて、男性を転倒させてしまった。

「ごめんなさい」と大使は詫びたが、転んだ男性は顔をしかめ、「痛いじゃないか」と大使に食ってかかったという。

日本語がほとんどわからない大使は、男性の剣幕に気圧《けお》されてしまったのだろうか。「ちょっと待ちなさい」と言う男性を尻目に、逃げるように立ち去ってしまったのだ。男性は痛む足を引きずって後を追い、大使が犬を連れて、大使館と隣接する大使公邸の敷地に入っていくのを見届けた。

その後、男性は足の痛みが引かないので病院で診察を受けたところ、打撲と診断された。けがをさせられたとなると、これは黙っていられない。管轄の警察署に相談することにした。

被害状況を聞き取った管轄署の警察官の話から判断すると、男性が話す人相風体《ふうてい》などから加害者は大使本人と見て間違いないと考えた。外交官絡みの事案なのでただちに公館連絡担当班に連絡した。

私は、これは放っておくと大事になるぞと思った。

大使の国など西欧のいくつかの国では、飼い犬をリードでつながずに散歩させるのが一般的だ。飼い犬は成犬になる前に教室に通わせるなどしてしつけをするのが常識で、人にじゃれついたりしないから、リードでつなぐのは公共交通機関に乗せる時ぐらいなのだという。

だが日本では、犬をリードでつながずに散歩させて、通行人にけがをさせてしまった場合、飼い主は刑事、民事の責任を問われることになる。東京都条例ではリードの装着を義務付けており、違反すると拘留または科料に処される可能性がある。

リードを外したことに加えて、けがをさせたのに救護措置をとらず逃げてしまったのは悪質というしかない。大使はけがをさせたとは思わなかったと言うかもしれないが、そんな言い訳は通用しないだろう。

被害者の男性は場合によっては被害届を出す意向だという。被害届が出されれば大使は被疑者ということになる。警察は出頭要請をかけ、大使が応じないと、外務省が乗り出して国家間の問題へと発展することになる。

私は大使館に電話して、「緊急で話し合わなければならない」と大使に面会を申し込んだ。すぐ会うと返答があり、大使館に出向いた。

話してみると、やはり大使はそんな深刻な事態に発展しているとは思ってもいない様子だった。

「ですが、相手はけがをしており、警察にヴィクティム・リポート（Victim Report＝被害届）を出すと言っています。そうなるとこれは刑事事件として扱うことになり、外務省儀典官室が出てくる問題となります」

大使は青くなった。外交官生命に関わる問題に発展しかねないからだ。

「私はどうすればいいのですか」

「相手は謝罪と治療費を求めているようです。これにきちんと対応されるべきでしょう」

「わかった。誠意をもって対応する」

管轄署が間に入り、謝罪と慰謝料の支払いによって示談が成立した。公館連絡担当班には「被害届の提出には至らず」との報告が来た。

大使は私に大層感謝して、私にできることがあればいつでも連絡くださいと言ってくれる関係を構築できた。

外事課ファイル 11 政変をしたたかに生き延びる

日本と違って政情不安定な国の場合、本国で政権交代があると、日本に来ている大使や外交官たちの顔ぶれまでごっそり入れ替わることがある。権力者の失脚によって、それと連なっていた役人たちもまとめて席を追われてしまうのだ。

中には、そうした権力者の交代劇を、したたかに乗り越えてしまう大使もいた。

アラブ系某国の大使館に、大統領の肖像画が飾られていた。大使は大統領のことを「英雄」とたたえ、その敵対勢力のことを「テロリスト集団」と呼んでいた。

ところが二〇一×年、その敵対勢力が政権を奪取して前大統領が放逐されるや、大使館の肖像画はさっさと外され、大使は平然とした顔で新大統領を「民主的選挙で選ばれた正当な大統領」と私に言った。大使自身の話によると、世界各国に存在するこの国の大使のうち、約半数が政権交代を受けて本国に戻され、クビになったり自分から職を辞したりしたという。駐日大使はその後も任を解かれず日本にとどまり続けた。

アフリカ大陸の某国の駐日大使も劇的な政権交代の荒波を乗り越えた一人だった。

ある年の夏、「某国大使館の国旗が変わったそうだが、聞いているか」と上司に聞かれた。この日の昼のニュースで、その国の大使館に掲揚されている国旗の色が変わったというニュースが流れ、何があったのか早急に調べて公安部長に報告しなければならないという。その白羽の矢が立ったのが、私たち公館連絡担当班だった。

某国ではこの夏、激しい内戦の末に反政府勢力が優勢となり、首都を制圧しつつあるとの外電が流れていた。独裁者である国家指導者が殺されたという情報も飛び交っていたが、まだ真偽は確認できない段階だった。

このタイミングで旗が変更されたとなると、国内にいる某国の人たちの間に動揺が広がったりしていないか、大使館の安全に影響はないか――公安部長が危惧したのはそこだった。

さっそく管轄署に「大使に会って話を聞いてこい」との指示が丸投げされたが、管轄署の担当が非番で連絡が取れないという。また、管轄署が大使館に電話しても「大使はお会いしない」の一点張りだった。

私はその国の大使とレセプションで名刺交換したことがあったので、私から電話をしてみることにした。

「警備上の問題を至急、大使と話し合わねばなりません」

だが、受付の日本人女性によると、大使から「いかなる電話もつないではいけない」と厳命されているという。

「大使館と外交官の安全に関わる差し迫った問題なんですよ。それでも会えないのか、とにかく聞いてみてください」

押し問答の末に、大使が会うのですぐ来てほしいという返事をもらえた。

管轄署の警備課長らを同行させて大使館に赴くと、確かに国家指導者が制定した一色の国旗ではなく、反政府勢力の国民評議会が掲げる三色旗がたなびいていた。

「大使、旗が変わった理由を教えていただけますか」

「われわれは昨日まで、〇〇（国家指導者の名）の政権を代表する大使館でしたが、本日をもって、国民評議会の政府を代表する大使館になりました」

「これは重大なことですよ。日本の外務省には報告されたのですか」

「まだしていません。これからです」

新政権側から連絡が来て、政権交代を世界に示すよう指示されたようだった。旗は都内の徽章《きしょう》屋に大至急で作らせたという。だが、大使館内は思ったよりも平静な様子で、日本在住の○○支持派らが抗議に訪れるといった動きもないようだった。

ニューヨークの国連本部に掲げられた某国国旗が三色旗に変えられたのは、それから一か月も後の九月下旬だった。日本の外務省が新生某国を国家として承認したのは、さらにその二か月後だ。

在日大使館の国旗変更がこれほど迅速に行われたのは、駐日大使が○○時代の終焉をひそかに歓迎していたからだと私は考えている。

大使はその後も日本に残ったが、大使館には一つだけ変化があった。国旗変更の直後、四人いた外交官のうち一人が任を解かれて帰国したのだ。

その男の顔は私も何度か見たことがあった。別の国のレセプションに出席した時、ある国の外交官から「あれが某国の情報機関から来た男だよ」と教えられたのだ。外交官の身分を隠れ蓑《みの》にして、日本で諜報活動をしていたらしい。ただし、某国は対日工作をするほど日本に関心を持つ国ではないので、諜報員の任務は日本国内にいる自国民及び自国の隣接国の在日コミュニティの動向を探ることだったと思われる。○○時代の終焉とともに男は日本を去り、その後、再び姿を見せることはなかった。

おわりに――大使館との付き合い方

ここまでお読みになってきて、私たち公安の仕事がどのようなものかご理解いただけたかと思う。地味で根気を必要とし、一人でできることは限られていて他者の協力を必要とする……。その点で、みなさんの仕事と何ら変わりはないと思う。違う点といえば、ほとんど秘密裏に行うことだろうか。

最後まで読んでいただいたお礼代わりに、私自身の経験に基づいた外交官との付き合い方、大使館との関係の築き方について読者に有益な情報をお教えしよう。

本文にも記したように、大使館は私たちにとって最も身近な「外国」である。ちょっと近づきにくい感じがするかもしれないが、大使館の多くは日本人に対し、決して門戸を閉ざしているわけではない。

週末に美術館や博物館に行くような感覚で、大使館をのぞいてみるというのも一興だろう。身近な場所で異国の空気に触れることで、思わぬ出会いや発見に遭遇するかもしれない。

では、個人でもできる、各国大使館とのお付き合いの仕方について、順を追ってご説明しよう。

その1　大使館を選ぶ

まず、関心のある国の大使館に実際に足を運んでみることをお勧めする。大使館の機能の一つとして、自国の文化や観光地の紹介がある。ほぼすべての大使館が、パンフレットなど各種資料を取りそろえていて、それらをもらいに来る人を受け入れてくれる。大使館によっては図書室や資料室などがあり、質問に答えてくれる職員を置いている。外交官が応対してくれる場合もある。

何度も訪れれば、向こうも顔を覚えてくれ、よりフレンドリーに接してくれることもあるだろう。

ただし、常連気取りで横柄な態度をとったり、長時間話し込んだりすると警戒されてしまうので、節度をもった態度で接するようにしたい。また、訪問の前に連絡を入れておくことをお忘れなく。

その2　参加する

次に、関心のある大使館主催のイベントについてネットなどで調べてみる。その際、注意したいのは参加資格。誰でも参加自由のものや、事前申し込み制のもの、限られた招待者のみのものなど、ひと口にイベントといっても色々なタイプがある。中には有料のものもある。

まずはハードルの低い、誰でも参加自由（無料）や事前申し込み制（無料・有料）のイベントを狙ってみるのがいいだろう。大使館主催のイベント会場には、大使をはじめ外交官がいる場合がほとんど。彼らとお近づきになりたい人は、英語の名刺を用意して、英語で簡潔に自己紹介できるようにしておくといいだろう。

イベントを通してその大使館のことが気に入ったら、何度も参加して常連になるのもいい。そうして顔見知りになると、大使館主催・共催のパーティーに招いてくれるかもしれない（場所は、大使館、大使公邸、ホテル、レストランなどさまざま）。

また、その場でスパイとして勧誘されることはさすがにないが、大使館が〝使えるヤツ〃と認めた場合、いろいろな〃お誘い〃が来ることもある。ある不動産屋を経営する金持ちの男は、パーティーを通して某国の大使と親密な関係になり、大使館の顧問のような立場におさまった。本国から大臣級のＶＩＰが来日した時は大使との会食に同席して場を盛り上げたり、大使が本国に休暇で帰国する際は帯同して大使の私邸に泊まったりすることもあった。

また、パーティーなどで大使に優秀と認められた人の中には、行事の際の受付担当（謝礼付き）を頼まれたり、大使館職員のポストに空きが出た時に声がかかって就職する人もいた。大使館勤務を希望する人は、パーティーで顔を売るのも一つの手だろう。

その3　連絡する

せっかく外交官と知り合いになったのだから、この機会を無駄にしてはいけない。ビジネスの世界と同じで、名刺交換をしたら十日以内に一度連絡しておくのが基本。外交官は名刺交換が仕事みたいなもので、日々多くの人と名刺のやりとりをする。だから記憶の鮮度は十日程度で薄れてしまうと考えたほうがいい。

名刺にメールアドレスが載っていたらメールするのもいいが、なるべくなら直筆の手紙を送りたい。英語ができる人は英語で、できない人は日本語でも問題ない。

手紙には、なぜその国が好きになったのか、どのくらい関心があるのかなどを書くのがいいだろう。外交官は基本的に忙しいので、葉書か便箋一枚程度の簡潔なもので十分。

その4　あいさつする

イベントやパーティー会場で、外交官はとても忙しくふるまっている。顔見知りになった外交官に会場であいさつする時、長話で引き止めたりしないよう心がけたい。相手だけでなく、その外交官と話したい他の人たちの迷惑にもなる。

もう一つ、注意してほしいのが握手の仕方について。

基本は、しっかり握ること。強すぎるのはＮＧだが、指先だけのゆるい握手もよくない。手袋をしている場合は、もちろん外して行うこと。

誰かに外交官を紹介された場合、こちらから先に手を差し出すのは避けたほうがベター。特にあなたが男性で相手が女性の場合は、相手が手を差し出すのを待つこと。相手が手を差し出さない場合は、口頭でのあいさつにとどめたい。

逆にあなたが女性で相手が男性の場合は、こちらから手を差し出すのが自然。男性同士、女性同士の場合は、普通に握手して問題ない。

手が濡れていたり汚れていたりする場合は、握手できない理由を次の英語で説明するのがいいだろう。

Excuse me, my hand's wet (sticky).

その5　国への敬意を態度で示す

大使館のパーティーなどに付きものなのは国歌の演奏だ。

演奏中に携帯電話が鳴ることのないよう、会場に入る前にマナーモードにしておく。そして、演奏中は始めから終わりまで姿勢を正しておくこと。国旗が正面に掲げられている場合は、主催者たちが国旗に正対するので、それに倣《なら》うこと。ただし、国旗が会場の入口などに設置されている場合は、演壇などがある方向に正対することになる。そのあたりは、周りの動きを観察しながら判断するといいだろう。

もちろん、人と会話中に演奏が始まれば、会話は中断する。飲食中であれば飲食を中断して、お皿やグラスは近くのテーブルに置く。近くにテーブルがない場合は、手に持ったまま飲食を中断して姿勢を正して聴く。

国歌や国旗はその国の象徴であり、これに敬意を示すのはその国に敬意を示すことである。態度でそれを表さないと、その国を無視もしくは軽視していると解釈される。主催者側の人たちは、見ていないようで意外と見ているものだ。

私も海外の日本大使館に勤務していた当時、大使館主催の天皇誕生日レセプションに招待した出席者たちが国歌演奏中にどのような態度をとっているかに注目していた。特に、自分が招待した出席者がきちんと敬意を示してくれるのかは気になった。

その6　潮時を知る

次は、イベントやパーティー会場を辞去する時について。

出席者の半分くらいが辞去したら、もはや潮時。いつまでもパーティーの余韻に浸っていたいと思っていても、片付けが始まるまで残っていたのでは、相手にとっては迷惑だろう。早めに立ち去ったほうがいい。

辞去する時は、主催者や招待者に感謝の気持ちを述べること。主催者たちが会場の出口に並んで見送りをしている場合は、自分の順番がきたら手短にお礼や感想、次回も会えることを楽しみにしているといった気持ちを伝えたい。

この時、周囲に聞こえるような大声であいさつするのは無作法そのもの。日本の政治家が大使館主催のパーティーであいさつする場に立ち会ったことがあるが、大声を張り上げ、同じ日本人としてとても恥ずかしくなった。そういう場で自分の存在感をことさら示そうとするのがまず下品だし、何より場を白けさせる。

また、長広舌《ちょうこうぜつ》のあいさつで自分の後ろに順番を待つ人たちの列ができるのは見苦しいこと。相手に引き止められた場合は別だが、常に周囲に対する気配りを忘れないようにしたい。

その7　感謝の気持ちを伝える

大使館主催のレセプションやパーティーに出席する時、手土産を持っていく必要は基本的にない。

相手にとっても、手土産を持ってこられると、それを預かる人や保管場所が必要になり、逆に余計な負担をかけることになるからだ。

お礼をしたい場合は後日、礼状を送るのが一般的。どうしても何か渡したい場合は、後日、事前に電話で伝えた上で送るのがいいだろう。ただし、現金、商品券、生ものなどは避けること。品物の値段は、日本円で五千円以内とする。各国の外務省の規則で、日本円でだいたい五千円を超える贈り物は、上司への報告（上司の許可）を要するか、受け取りをしないこととなっているからだ。

以上の七つのポイントは、明文化されているものではなく、あくまで私の職務上の経験から培った最低限のマナーのようなものだが、間違いはないだろう。レセプションの会場などでは、主催国や別の国の外交官たちと知り合って意気投合し、今まで知らなかったその国の魅力に気づき、どっぷりハマる、なんてこともある。自分の蒙《もう》を啓《ひら》かれる場所として、大使館をおおいに活用していただきたい。

令和三年葉月

勝丸円覚

勝丸円覚（かつまる えんかく）

1990年代半ばに警視庁に入庁。2000年代初めに公安に配属されてからは、一貫して公安、外事畑を歩んだ。途中、数年間、アフリカ某国の大使館にも勤務した。数年前に退職。現在はセキュリティコンサルタントとして国内外で活動。本作が初の著書。

警視庁《けいしちよう》公安部外事課《こうあんぶがいじか》

2021年9月30日　初版1刷発行
2021年12月10日　　　　2刷発行

著　者　勝丸円覚《かつまるえんかく》
発行者　内野成礼
発行所　株式会社 光文社
〒112-8011　東京都文京区音羽1-16-6
電話　編集部 03-5395-8270　書籍販売部 03-5395-8112　業務部 03-5395-8125
メール　kikaku@kobunsha.com
落丁本・乱丁本は業務部へご連絡くだされば、お取り替えいたします。

組　版　萩原印刷
印刷所　萩原印刷
製本所　ナショナル製本

ISBN 978-4-334-95269-3